GILLES DIEDERICHS / MURIEL DOURU

happy family

100 activités pour LIBÉRER la créativité des enfants

MANGO

SOMMAIRE

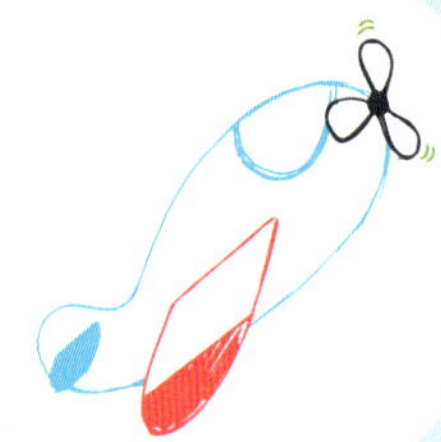

INTRODUCTION

La créativité permet aux enfants de développer toute une part d'intelligence personnelle, qui se révèle très concrètement à travers des activités où se mêlent inconnu, nouveauté et besoin de comprendre et de faire. Les activités proposées ici s'adaptent parfaitement à la tranche d'âge 3-10 ans, cœur de la période de l'apprentissage ! Cette trousse à outils du petit créatif est composée, entre autres, d'activités altruistes et solidaires, où l'enfant s'initiera à la cuisine, au jardinage et à l'écologie, s'amusera avec la force des aimants, imaginera les énergies renouvelables, « chargera » l'eau de messages positifs, construira un sablier, apprendra l'hypnose, inventera des contes et fera de la mise en scène, de la peinture avec des glaçons, fabriquera des drapeaux tibétains de souhaits, des mangeoires pour oiseaux, des décorations en feuilles de riz, s'essaiera au yoga, au qi qong, au massage… Ces moments créatifs originaux issus de l'art-thérapie, de la sophrologie, de la musicothérapie et du bien-être favoriseront son indépendance intellectuelle et sa capacité à sortir des sentiers battus.

La socialisation dépend aussi du degré de créativité qu'un enfant est capable de construire pour s'intégrer dans la communauté. Dès le plus jeune âge, les cinq sens (goût, odorat, ouïe, toucher, vue) sont les relais de l'information que l'enfant expérimente. C'est ensuite grâce à la connaissance de ces interactions qu'en grandissant la confiance, se sentir responsable, l'envie de faire s'épanouiront dans la réalité du quotidien. Le futur adulte bien dans sa peau, tourné vers les autres est aussi l'enfant qui a développé son autonomie relativement tôt. Il est capable de puiser dans ses propres ressources quand la vie le questionne, de renforcer le terreau de son propre jardin quand les événements lui demandent d'être bien enraciné et disponible… Alors suggérez, sensibilisez, participez, puis laissez vos tendres bouts de chou expérimenter ! Même les sentiments de frustration, de notion de facile ou difficile, d'interrogations non résolues sont les preuves que le processus créatif fonctionne. Face à lui-même votre enfant trouvera ses réponses, sa manière d'appréhender le monde, et ces activités le pousseront à s'impliquer joyeusement dans son quotidien !

5 à 10 ans

1

Parler des bonnes idées

Activité : mind mapping
et expression des émotions

Le mind mapping consiste à dessiner, sous forme de carte mentale, une idée principale avec ses ramifications possibles. Cela demande à l'enfant de dévoiler son monde et ses envies à travers une idée qui lui tient à cœur, et l'aide à imaginer ou à concrètement indiquer ce que cela implique ensuite dans son quotidien. Vous allez pouvoir construire ce type de représentation carte en vous inspirant du dessin proposé ci-dessous. L'enfant peut écrire des mots dans les bulles ou même découper et coller dans les bulles les représentations de ces mots.

idée +

Utilisez cette technique en développant une idée centrale en famille !

Matériel

Une grande feuille de papier à dessin, un crayon ; ou des magazines, des ciseaux et de la colle.

But : remplir chaque bulle par un mot, une idée, une image, inspirée à partir du mot inscrit au centre.

À partir du mot central « vacances », écris un autre mot qui découle du premier et ainsi de suite. Par exemple : si pour toi « vacances » veut dire « mer », écris le mot « mer » dans une bulle proche du mot « vacances ». Ensuite, fais de même avec le mot « mer », inscris ce qu'il t'inspire dans une bulle proche de lui, etc.

Variante : inscrire au centre le nom d'une personne historique, d'une région, d'un proche… afin d'obliger l'enfant à pousser sa réflexion !

3 à 10 ans

2

Le plus doux des visages

Activité : créer des cosmétiques bien-être

Prendre conscience que respecter son corps est important et que l'on peut soi-même être artisan de son propre bien-être est déjà un premier acte créatif. Apprendre et réaliser soi-même ses produits cosmétiques pour le corps constituent un second acte créatif. Le tout fera partie d'une base d'éducation enracinée dès l'enfance et qui se prolongera en grandissant. Pour commencer, voici une recette d'un masque de beauté connu pour nourrir et adoucir la peau. Aidez les plus jeunes enfants dans cette activité, et soyez doux au moment d'appliquer le masque !

idée +

Laissez les enfants malaxer avec les mains afin qu'ils ressentent bien la matière de chaque produit utilisé.

Matériel

Un avocat bien mûr, un jaune d'œuf, de l'huile de noisette pour une peau un peu grasse/deux bananes pour une peau sèche. Un bol, des petits disques de coton pour protéger les yeux, des mouchoirs en papier doux.

But : créer soi-même son propre masque de beauté.

1. Peau normale à grasse : bats un jaune d'œuf dans un bol, rajoute deux cuillères à café d'huile de noisette, mélange, puis ajoute un demi avocat écrasé (bien mûr !). Protège tes yeux avec les cotons et demande à ton parent de poser cette crème sur tout ton visage. Reste ainsi 20 minutes, puis essuie-toi avec un mouchoir et rince-toi à l'eau. Ta peau est toute douce et détendue !

2. Peau sèche : écrase tout simplement les deux bananes dans le bol, protège tes yeux, fais appliquer la purée de banane sur tout ton visage ! Après 20 minutes, essuie-toi avec un mouchoir et rince-toi à l'eau. Ta peau sera douce, et tu sentiras bon la banane !

Variante : tout simplement, trois cuillères à soupe d'argile blanche avec un peu d'eau vont très bien nettoyer une peau après 20 minutes de pose !

3 à 10 ans

3

Mon corps est une batterie

Activité : musicothérapie et expression corporelle

Le palming est l'art de faire des petites frappes corporelles à des endroits précis afin de renforcer le tonus musculaire, donc on dynamise ! Demandez à votre enfant d'énoncer plusieurs fois de suite une voyelle en tapotant et de veiller à toutes les faire durant le circuit : A, E, I, O, U mais aussi OU, É, AN, ON. Dites-lui en même temps de s'identifier à un animal qu'il affectionne. Suivez bien les indications afin de reproduire le parcours exact !

idée +

Essayez de faire pratiquer cela le matin afin de bien commencer la journée !

Matériel

Une tenue souple.

But : dynamiser le corps et exprimer des sons qui dynamisent !

1. Replie ta main droite, commence par tapoter l'épaule gauche, puis descends le long de la face interne du bras. Passe à la face externe du bras pour remonter à l'épaule. Idem de l'autre côté.

2. Continue avec les deux poings sur le bas du dos, puis sur les chevilles, l'extérieur et l'intérieur des cuisses (à partir des chevilles), le ventre et les poumons.

Variante : avec un copain, chacun fait le parcours doucement sur le corps de l'autre !

3 à 10 ans

4

Le qi qong des arbres

Activité : gym douce et détente

Les arbres en hiver découvrent concrètement leur silhouette et en été changent de physionomie. C'est cet aspect en plusieurs phases que les enfants vont mettre en scène en reproduisant les exercices de qi qong. Présentez cela comme une gym de bonne humeur et faites suivre les postures dessinées.

idée +

Poussez les enfants à faire les mouvements lentement et précisément !

Matériel

Une tenue souple et large.

But : imiter la silhouette des arbres avec son propre corps !

1. Tu es un grand peuplier qui passe de l'hiver à l'été.

2. Tu es un chêne qui s'épanouit !

3. Tu es un saule pleureur qui aime le soleil !

Variante : l'enfant s'allonge et se détend en écoutant tous les sons qui l'entourent.

3 à 10 ans

5

Faire rouler avec douceur

Activité : jeu d'adresse et de créativité

Lancer une simple balle en la faisant rouler devient un véritable jeu d'adresse quand la balle est soit légère, soit lourde, petite ou grande. Le but sera de faire stopper chaque balle à un endroit précis qui peut être proche ou loin !

idée +

Associez toujours l'idée qu'une respiration calme favorise la précision du geste qui sera ainsi mieux maîtrisé.

Matériel

Un lieu plat, des balles de tailles et de poids différents : tennis, foot, basket, ping-pong…

But : envoyer précisément chaque balle sur son emplacement réservé et additionner tous les points donnés pour chaque cible atteinte, le plus gros score a gagné.

1. Positionne sur le sol, proche ou loin, des cibles (tu peux poser un tissu comme repère) auxquelles tu attribues des points. Il doit y avoir autant de cibles que de balles.

2. Chaque participant fait rouler (pas lancer !) chaque balle afin qu'elle s'arrête précisément sur une cible.

3. Fais le calcul des points. Il peut y avoir deux manches en déplaçant les cibles. Le plus grand total a gagné !

Variante : après avoir visualisé chaque cible un instant, jouer avec les yeux bandés !

3 à 10 ans

6

Crée ta balle anti-stress

Activité : créativité et relaxation

Le fait de pouvoir malaxer une balle aide à réguler l'influx nerveux (aller-retour électrique entre muscle et cerveau). Rapidement, en rajoutant une respiration régulière, l'apaisement corporel et mental se fait. Accompagnez les plus jeunes dans cette réalisation.

idée +

Personnalisez la balle avec un feutre indélébile.

Matériel

Deux ballons gonflables, un coton-tige, 125 g de riz, un entonnoir, un feutre indélébile, des ciseaux.

But : fabriquer une balle anti-stress pour se défouler !

1. Souffle d'abord dans les deux ballons pour bien décoller les parois. Place l'entonnoir profondément dans l'ouverture d'un ballon.

2. Fais glisser tranquillement le riz dans l'entonnoir et remplis le ballon en t'aidant du coton-tige si des grains se coincent dans l'embouchure du ballon. Fais-toi aider pour faire un nœud au ballon. Coupe le ballon juste au-dessus du nœud.

3. Prends ton deuxième ballon et coupe toute la hauteur de l'embouchure. Écarte-le et enserre-le avec le ballon rempli de riz. Si tu le désires, dessine dessus avec le feutre indélébile (visage, foudre...).

4. Maintenant amuse-toi à inspirer et expirer doucement tout en malaxant lentement ta balle, puis change de main. Tu vas te sentir rapidement de mieux en mieux et en pleine forme ! Fais cet exercice régulièrement, surtout quand tu te sens très énervé ou en colère !

Variante : pour un enfant très puissant au niveau musculaire, percer et remplir de riz une balle de tennis (à recoudre ensuite).

3 à 10 ans

7

L'oreiller du bien-être

Activité : confection

Les enfants sont les champions des mauvaises postures physiques, encore un peu caoutchouc rien ne leur fait peur entre le sport sans s'échauffer, s'asseoir en équilibre sur une chaise, etc. Et puis les petits bobos du cou ou du dos apparaissent les soirs de fatigue... Voici comment confectionner un coussin qui, une fois chauffé au micro-ondes ou au four, va diffuser une chaleur qui détendra les muscles ! Pour les 3 à 5 ans, aidez à la confection.

idée +

Aménagez des moments détente en famille où chacun confectionnera son oreiller ergonomique (selon l'âge !).

Matériel

1 kg de graines de lin non traité (magasins de produits biologiques), 1 m^2 de tissu en lin (attention si vous choisissez un autre tissu, ne prenez pas de matières synthétiques !), du fil, une aiguille.

But : confectionner un oreiller de détente.

1. Découpe deux carrés de 30 cm de large. Fais-toi aider pour coudre les quatre côtés, dans le quatrième côté laisse juste une fente de 5 cm.

2. Fais glisser les graines de lin petit à petit dans la fente du coussin, rembourre-le bien mais laisse quand même un peu d'espace pour ne pas avoir un coussin trop dur au contact. Ferme la fente avec une couture bien ferme (surpique !).

3. Tu vas utiliser ce coussin dès que tu as mal au cou. Soit tu passes le coussin au micro-ondes 2 minutes afin qu'il soit bien chaud, soit au four 5 minutes à 120°. Avant de l'utiliser, vérifie sa température ! Si tu as pris un coup, mets le coussin au réfrigérateur 1 heure et applique-le sur le bobo, ça va te soulager !

Variante : faire le coussin en forme de boudin pour le placer sous les chevilles (en position allongée), parfait pour la circulation après le sport !

5 à 10 ans

8

Peindre des arbres avec ses doigts

Activité : peinture et décoration

La peinture à l'eau avec les mains et les doigts permet à n'importe quel enfant de réaliser de belles compositions. Des pipettes de peinture de 500 ml existent dans les magasins de loisirs. Prévoyez cet atelier dans un endroit pratique : cuisine, balcon...

idée +

Demandez à votre enfant d'appliquer très progressivement avant-bras, poignet, paume et doigts lentement, qu'il sente bien le contact muscle, peinture et feuille qui se crée.

Matériel

Des pipettes de peinture marron, verte, jaune. Un plateau en styromousse rectangulaire (plateau en polystyrène où sont emballés fruits ou légumes), des grandes feuilles de dessin, des ciseaux.

But : peindre directement avec l'avant-bras et la paume de main un splendide arbre printanier.

1. Découpe un espace au milieu d'un petit côté du plateau afin de pouvoir facilement y poser ton avant-bras et ta main. Dépose de la couleur marron dans le plateau. Applique la moitié de ton avant-bras, ta paume de main et tes doigts bien à plat dans la peinture.

2. Mets ton avant-bras au bas de la feuille à dessin, et allonge ta main en écartant bien les doigts. Tu viens de peindre le tronc et les branches !

3. Nettoie ton plateau (et ta main) et étale de la peinture verte. Cette fois ne pose que la paume et les doigts. Commence par placer ta main sur la gauche des branches, puis au centre et à droite.

4. Nettoie ton plateau (et ta main) et dépose un peu de couleur jaune. Trempe le bout de tes dix doigts dans le jaune et applique-les comme tu le ressens sur le feuillage afin de peindre des fruits !

Variante : prévoir du bleu pour le ciel, du gris ou du blanc pour des nuages...

3 à 10 ans

9

Un cuisinier en chef

Activité : créativité alimentaire

Vos enfants doivent suivre des règles alimentaires et surtout connaître leurs véritables besoins journaliers. Quoi de mieux que de dresser un petit tableau de ces besoins en leur apprenant à choisir et tester des repas qu'ils confectionneront eux-mêmes ? Acceptez que le soir l'enfant ne désire pas forcément de protéines animales, alors pensez aux protéines végétales (tofu, algues…) ! Aidez pour faire comprendre ces règles et découvrir de nouveaux aliments. Pour les 3 à 5 ans, vous pouvez organiser une séance de collage de photos d'aliments sur une grande feuille. Vérifiez : pas trop de sucres ni trop de graisses (surtout en dehors des repas, évitez les barres alimentaires, boissons sucrées, etc.), surveillez les portions et leur niveau calorique, surtout le soir.

idée +

Fixez ce tableau sur votre réfrigérateur afin d'ancrer ces informations dans la mémoire des enfants.

Matériel

Un stylo, des feuilles blanches.

But : apprendre à construire des menus équilibrés tout en développant sa créativité alimentaire !

Il te faut dire ce que tu choisis dans chaque catégorie, puis l'écrire (fais-toi aider !) :

1. Petit-déjeuner : 1 céréale (pain, corn flakes) = … 1 laitage = … 1 fruit ou jus de fruit = … 1 boisson chaude = …

2. Déjeuner : crudités = … 1 viande ou poisson = … 1 légume cuit = … 1 féculent (riz, pâtes, semoule, boulgour) = … 1 laitage + fruit = …

3. Goûter : choisir de 1 à 3 aliments du petit-déjeuner.

4. Dîner : 1 fruit = … 1 légume = … 1 féculent = … 1 viande ou poisson (ou protéine végétale) = …

Variante : emmener régulièrement les enfants au marché afin qu'ils participent au choix et à l'achat des aliments inscrits sur le tableau.

5 à 10 ans

10

Des dons d'imitation

Activité : imitation corporelle et imaginaire

Apprendre à imiter le comportement d'un proche permet à l'enfant de bien observer et surtout de commencer à être en empathie pour mieux reproduire et coordonner la gestuelle. Certains enfants sont extrêmement créatifs et laissent parfois déborder des traits de caractère de la personne imitée qui vont bien au-delà de ce qui est visible à première vue. C'est pour cela que le jeu se fera en deux phases. D'abord l'imitation gestuelle et verbale, puis l'imitation comportementale en imaginant comment réagirait la personne imitée dans telle ou telle situation.

idée +

Faites cela en groupe (en famille, entre amis) avec une bonne séance de respiration main dans la main avant.

Matériel

Un espace où l'on peut gesticuler !

But : imiter la démarche et le comportement d'un proche.

1. Demande à ton copain Kévin (par exemple) de marcher normalement devant toi. Observe-le, puis imite-le en te tenant au plus près derrière lui pendant sa marche. Maintenant reproduis sa marche mais tout seul.

2. Laisse tes autres copains te demander des imitations plus poussées : décris Kevin quand il arrive à l'école, quand il mange des tartes aux fraises, quand il est surpris la main dans le pot de confiture, quand il a envie de parler à une fille…

Variante : imitation des parents par les enfants et inversement !

5 à 10 ans

11

La maison aux oiseaux

Activité : construction

En hiver, même sur un balcon, il est agréable de pouvoir participer au nourrissage des oiseaux qui en ont bien besoin. Aidez pour le perçage de la bouteille en plastique.

idée +

Si vous avez un jardin, investissez dans une petite niche à oiseaux que vous placerez près de la mangeoire, mais en hauteur afin d'éviter de tenter les chats !

Matériel

Une bouteille en plastique vide, deux fines cuillères en plastique, une visse à tête ronde avec boulon, du fil de pêche, des graines pour oiseaux.

But : construire une mangeoire à oiseaux et fabriquer un bon repas pour eux !

1. La bouteille face à toi tu perces un trou sur son côté gauche en comptant 5 cm à partir du bas de la bouteille. Puis tu fais un trou côté droit à 8 cm en partant du bas. Passe le manche de la cuillère dans le trou de gauche et fais passer son extrémité par le trou de 8 cm de hauteur. Recommence avec un trou à droite de la bouteille à 13 cm et à gauche à 15 cm. Passe le manche de la deuxième cuillère par le trou de droite vers le trou de gauche.

2. Perce le bouchon de la bouteille, passe la visse dedans, et resserre l'ensemble avec le boulon. Remplis la bouteille jusqu'aux ¾ de petites graines pour oiseaux. Puis referme avec le bouchon. Passe ton fil dans le rond de la visse et suspend ta mangeoire. Secoue la bouteille, les graines vont tomber dans le creux de chaque cuillère, sinon agrandis un peu le trou, les oiseaux vont de toute manière s'arranger pour les faire glisser avec leur bec !

Variante : confectionner une recette maison en mélangeant des lentilles corail avec des lentilles vertes ou jaunes, la mangeoire sera très colorée !

5 à 10 ans

12

Le parcours des images et des mots

Activité : association images et mots

Associer des mots, des idées, à partir d'images, oblige les enfants à faire appel à la fois à leur imagination et à leur créativité, mais aussi à exprimer leur perception des gens, des objets… Donc chacun apprend beaucoup sur la manière dont son proche perçoit ce qui l'entoure. Le mieux est d'abord de noter avec eux sur un thème général, pour bien expliquer le principe.

idée +

Proposez des thèmes comme la nature, la science, l'histoire, afin de pousser la réflexion créative.

Matériel

Des ciseaux, des magazines, de la colle, un crayon.

But : observer une photo et écrire toutes les associations naturelles qui viennent en tête.

1. Choisis un thème avec tes copains. Prends, par exemple, le thème des acteurs connus (disons dix). Trouve leur photo dans les magazines et colle-les sur une grande feuille de papier.

2. Chacun d'entre vous va écrire à côté de chaque photo un mot ou une phrase qui qualifie l'acteur. Ce peut être : beau, il fait peur, il me fait penser à un copain, etc. Chacun doit obligatoirement mettre un terme différent de ceux choisis par les copains.

3. Tous ensemble, reprenez les mots inscrits pour chaque acteur et présentez-le : « Untel est beau, mais il fait peur, il fait penser à Kévin, etc. »

Variante : construire un jeu de cartes (inscrire un thème par carte) et tirer au sort : le thème sera imposé !

5 à 10 ans

13

Le yaourt et le gâteau de saison

Activité : réussir un gâteau créatif

Faire la cuisine est un moyen d'apprendre aux enfants à découvrir comment naissent les goûts, à comprendre les réactions qui existent quand on mélange certains ingrédients, quand on cuit ensemble farine, sucre, œufs, etc. Mais surtout, cuisiner soi-même sensibilise les enfants aux bonnes habitudes alimentaires et leur apprend à utiliser les produits de saison. Pour ce traditionnel et simplissime gâteau au yaourt, il vous est demandé de choisir, si possible au marché uniquement, un mix de fruits. Ici, pomme et poire. Ensuite, investissez dans quelques décorations pour pâtisseries (perles croustillantes, sucres décoratifs colorés…). Bien sûr, la cuisson se fait sous votre surveillance !

idée +

Utilisez un moule en silicone pour éviter de beurrer, de forme étoilée ou autre pour donner un aspect festif !

Matériel

½ paquet de levure, 1 pot de yaourt (= 20 cl), ½ pot d'huile (= 10 cl), 1 pot de sucre, 3 pots de farine, 2 œufs, le zeste d'1 citron, 1 pomme, 1 poire. Pour la décoration, choisir entre les perles croustillantes, les vermicelles sucrés, les fruits confits, les graines de chocolat, les amandes effilées… C'est le pot de yaourt qui sert de mesure !

But : découvrir l'association des goûts en faisant soi-même ses propres recettes.

1. Mélange dans une jatte tous les ingrédients un à un, dans l'ordre ci-dessus. Verse la pâte dans un moule à gâteau.

2. Puis, demande à un adulte de faire cuire ta préparation au four préchauffé à 180°C (thermostat 6) pendant 30 minutes environ.

3. Laisse refroidir, et juste avant de servir, personnalise ton gâteau : inscris ton prénom avec les perles croustillantes, dessine un soleil en perles de chocolat, construis un visage avec les amandes effilées…

Variante : utiliser des yaourts aromatisés aux fruits de saison pour donner un goût de base.

5 à 10 ans

14

Le petit village familial

Activité : créativité par la couleur et le conte

Votre enfant aime bien savoir qu'il est entouré. Par sa créativité et son implication dans le choix des couleurs, il va mettre en scène la vie de tous ses proches et la raconter ! Vous allez en apprendre…

Matériel

Des crayons de couleur.

But : créer le petit village familial idéal et en parler ensuite.

Chaque maison que tu colorieras différemment appartient à un proche de ta famille ou de tes copains (note le nom ou l'initiale dessus). Raconte l'histoire du village, qui parle à qui, de quoi, etc.

idée +

Rajoutez en collage des petites photos de famille et d'amis.

5 à 10 ans

15

Des fleurs pour tous

Activité : création de jardinières fleuries communautaires

Créer une jardinière fleurie est très simple et relie chacun aux rythmes de la nature. La faire en commun avec ses voisins décuple la créativité de tous, favorise le respect du travail des autres, et illustre le principe qu'ensemble beaucoup de projets deviennent possibles !

idée +

Choisissez des catégories de fleurs qui poussent à différentes saisons (pour la cueillette !).

Matériel

Une vieille bassine décorative ou une jardinière ancienne, ou encore un espace de terre en commun (jardin de copropriété, ou terrain accordé par la mairie, cela se fait de plus en plus, renseignez-vous !).

But : construire en commun un espace fleuri.

1. Faites savoir autour de vous, en laissant un petit mot dans les boîtes aux lettres les plus proches, que vous désirez organiser la réalisation en commun d'une jardinière fleurie que les enfants pourront entretenir, et dont ils pourront couper les fleurs dès que la saison sera venue. Vous pouvez aussi facilement créer un blog pour cette action de quartier.

2. Réunir les enfants. Les plus grands se renseignent sur les semis de saison. Ensuite il faut choisir le bon terreau, puis définir les rôles. Il y a ceux qui bêchent (les plus âgés), ceux qui préparent la terre, ceux qui sèment (les plus jeunes) et ceux qui arroseront (les costauds !). Ensuite on organise un planning d'arrosage et de suivi. C'est parti !

3. Rapidement, on prévoit les prochains semis et on repère d'autres endroits possibles pour la suite. Et quand viendra l'heure la cueillette, le principe sera que chacun puisse profiter de la récolte !

Variante : des légumes, des plantes aromatiques, du gazon japonais (fleurit 6 mois sur 12 !).

5 à 10 ans

16

Je suis le maître de la pluie

Activité : création d'un bâton sonore

Construire soi-même un bâton de pluie est simple et permet d'animer ensuite des cours de musique et d'écoute sonore. En fait, il sera demandé aux enfants de créer un conte de la goutte d'eau. Pour les 3 à 5 ans, laissez l'enfant remplir chaque tube, montrez-lui la différence sonore entre faire pencher rapidement et laisser s'écouler lentement les graines.

idée +

Le soir avant de dormir, faites très doucement pencher le bâton à droite puis à gauche, l'apaisement est garanti !

Matériel

En magasin de bricolage : un tube en pvc de 1 m de long et de 10 cm de diamètre, 2 fermoirs à tube, colle à pvc ; en épicerie : 2 kg de lentilles vertes. Une bouteille de verre vide.

But : construire un bâton de pluie.

1. Prends le tube, colle un fermoir et attends que cela sèche.

2. Remplis ton tube avec les lentilles. Le principe est simple : si tu mets beaucoup de graines, tu auras une pluie très fournie ; si tu en mets peu, la pluie sera irrégulière. Colle ensuite le deuxième fermoir.

3. Ferme les yeux. Amuse-toi à faire pencher ton bâton d'un côté puis de l'autre, lentement, moins lentement, rapidement… Tu entendras la pluie qui goutte dans tes oreilles.

4. Souffle doucement sur le bord du goulot de la bouteille vide, tu as le vent… Alors crée un conte de la goutte d'eau poussée par le vent qui se balade dans les grottes et les rivières…

Variante : agiter le bâton afin de donner un rythme de maracas !

5 à 10 ans

17

Parler avec les esprits de la nature

Activité : texte activité

Les arbres présentent souvent des formes de nœuds dus à une coupe et une repousse, ce qui peut faire ressembler presque à un visage, à une expression. Les enfants vont laisser leur imagination vagabonder pour mettre ces particularités en relief grâce à des peintures à l'eau non polluantes (acrylique). Vous pouvez tout simplement peindre des sourires (smiley) ou des grimaces avec moustaches, cheveux, grandes oreilles (ou petites), barbes, etc.

idée +

Si vous n'avez pas d'arbre au tronc à partie un peu lisse, peignez sur un carton un visage que vous accrocherez ensuite sur l'arbre.

Matériel

De l'eau, des tubes de peinture acrylique, un pinceau mi-large, un récipient de mélange.

But : représenter des personnages directement sur les écorces d'arbres.

1. Repère avec tes parents des arbres dans la forêt, et concentre-toi dessus en imaginant leur caractère. Dégagent-ils de la douceur ? De la puissance ? Y verrais-tu un chevalier, un vieil homme souriant ? Peins simplement avec la peinture à l'eau (la pluie la fera partir plus tard) un sourire, de grands (ou petits) yeux, une moustache peut-être… Fais-toi aider si nécessaire.

2. Imagine qu'il y a forcément d'autres arbres qui racontent des histoires incroyables, alors cherche-les et peins de nouveau ce que tu ressens d'eux (joie, tristesse, peut-être le repère d'une fée ou d'une sorcière !).

3. En revenant à la maison, imagine un conte avec les esprits de la nature que représentent ces arbres, qu'ont-ils à te raconter ?

Variante : décorer le bas de l'arbre avec des feuilles, des fleurs, des cailloux, afin de le rendre plus beau !

3 à 10 ans

18

Raconter une histoire sans parole

Activité : créer une histoire à plusieurs mais sans parler !

Pour les enfants, il est parfois plus simple de s'exprimer par le corps, avec des gestes, que d'utiliser des mots. Réunir plusieurs enfants et leur demander de raconter sans parler les oblige à se creuser les méninges pour se faire comprendre, surtout quand le mode d'expression est tiré au sort !

idée +

Essayez de choisir des musiques adaptées aux thèmes choisis et écoutez-les pendant les interprétations.

Matériel

Un foulard à idées, des carrés de papier, des crayons.

But : se faire comprendre avec son corps mais la bouche fermée !

1. Prépare dix thèmes d'actions et note chacun d'entre eux sur un bout de papier. Exemple : aller danser, faire les courses, être poursuivi, tomber amoureux, faire du vélo, jouer à la console de jeux vidéo, etc.

2. Prépare ensuite un deuxième choix de dix thèmes de personnes : la famille, un copain, un vilain, un super héros, un voisin, etc.

3. Enfin, prépare un troisième choix de dix thèmes d'expressions : joie, tristesse, colère, tendresse, bouderie, surprise, frayeur, etc.

4. Vous pouvez jouer soit à un contre un, soit à plusieurs contre un autre groupe. Celui qui dirige le jeu tire un papier à thème actions (1), puis deux papiers du thème personnes (2), et enfin trois cartes du thème expressions (3). Tandis qu'il raconte une histoire à partir des éléments tirés, l'adversaire imite !

Variante : celui qui imite tire les cartes en les cachant, l'adversaire doit découvrir l'histoire !

3 à 10 ans

19

L'arbre à souhaits

Activité : construire une liste de vœux de type altruiste

Il est important pour les enfants d'apprendre à faire pour les autres sans rien attendre en retour. Comme il est normal aussi qu'ils construisent un mental positif, donc créatif, quand ils pensent aux gens autour d'eux. L'arbre à souhaits va développer tout cela. Pour les 3 à 5 ans, aidez en suggérant.

idée +

Développez cette activité avec eux, la transmission familiale ancre mieux ce type de développement personnel.

Matériel

Des papiers, du film plastique alimentaire, du fil de pêche en nylon, un bâton (ou un arbre).

But : offrir des pensées positives, donner sans rien attendre en retour.

1. Pense à un copain, un proche familial ou éloigné, une personne rencontrée ou même disparue, une situation qui est difficile à vivre pour quelqu'un, quelque chose dans le monde qui se passe difficilement…

2. Maintenant pense à ce qui pourrait se passer de mieux pour que la situation s'améliore, ou une manière qui améliorerait la situation, un engagement concret que tu prendras pour que cela évolue, des volontés de bisous, de câlins qui rassurent… Attention, tu ne demanderas rien en échange, c'est un souhait, un vœu, un don.

3. Écris sur un petit papier en forme de rectangle (pour le vent !) ton type de souhait ou ton engagement. Ensuite, tu le plastifies, le perces au bout, tu passes un fil de pêche, l'accroches soit à un bâton à souhait, soit à un arbre à souhait, tu fermes les yeux et imagines très fort que le vent porte les souhaits partout sur terre et auprès de ceux qui en ont besoin ! Pour les engagements, il faudra bien les tenir ensuite !

Variante : créer chaque mois un arbre sur d'autres sujets et faire le point sur les anciens.

3 à 10 ans

20

Je réalise un mandala de détente

Activité : coloriage d'un mandala de détente.

Le mandala a pour but de laisser sa créativité s'exprimer à travers un dessin centré. Il y a juste des instructions de base à suivre. Scannez ce mandala de détente, l'enfant pourra le réutiliser.

idée +

Prévoyez un endroit tranquille pour favoriser le relâchement.

Matériel

Des crayons de couleur.

But : amener à la détente par le coloriage.

Dessine des ballons dans chaque cercle. Progresse uniquement de cercle en cercle, en commençant par le plus petit au centre et en allant vers le plus grand ; lorsque tu en finis un, alors seulement tu passes à l'autre. Essaye de n'utiliser que trois couleurs maximum par cercle, ballons compris.

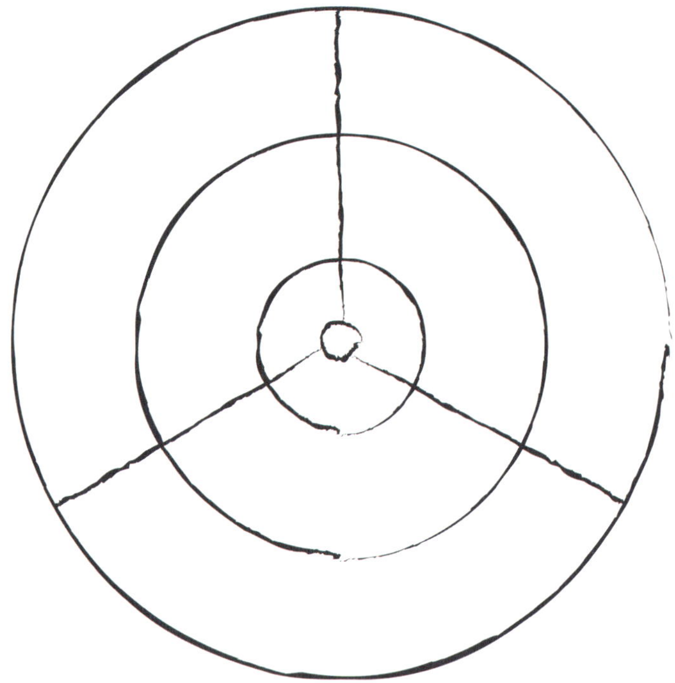

Variante : à la place des ballons, dessiner des carrés et des rectangles.

3 à 10 ans

21

Je réalise un mandala de concentration

Activité : coloriage d'un mandala de concentration

Par le coloriage, votre enfant va exprimer sa créativité tout en se concentrant parfaitement sur son activité. Scannez le dessin vierge afin de le réutiliser !

idée +

Proposez cette activité après des parties de jeux sur console.

Matériel

Des crayons de couleur.

But : réaliser un mandala de concentration.

Commence par le centre avec la couleur jaune. Puis colorie le deuxième cercle en dominantes vert et orange, et le troisième en dominantes bleu et jaune. Occupe-toi des rayons en dernier en choisissant les couleurs que tu veux.

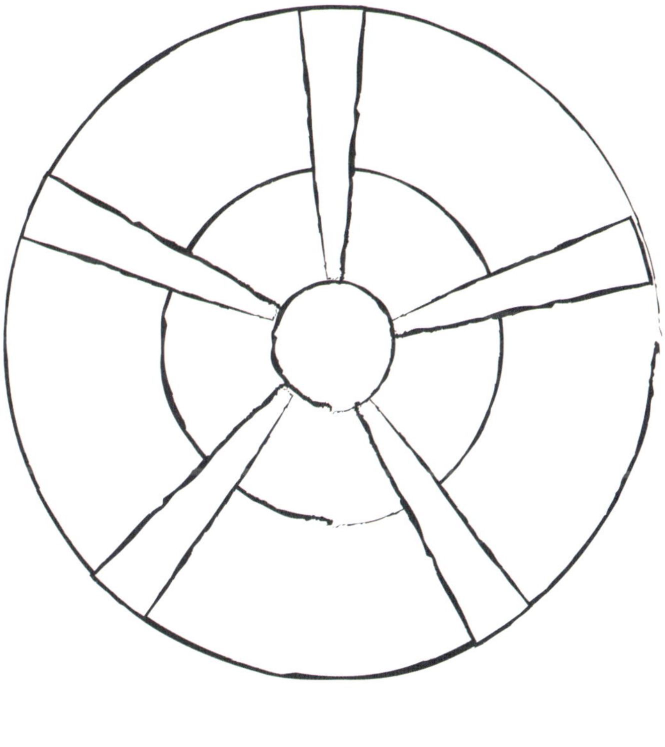

Variante : rajouter des motifs crayonnés au départ (nuage, soleil, lune…).

3 à 10 ans

22

Mon mandala pour me déstresser

Activité : création d'un mandala de déstress

Dans cette activité, colorier et inventer des alliances de couleurs vont être mêlés à une manière simplissime de se déstresser. Veillez seulement à faire respecter les instructions de départ. Scannez avant de commencer !

idée +

À pratiquer au retour de l'école ou dès qu'un énervement se fait sentir.

Matériel

Des crayons de couleur.

But : colorier en reliant des pointillés et s'amuser avec les couleurs.

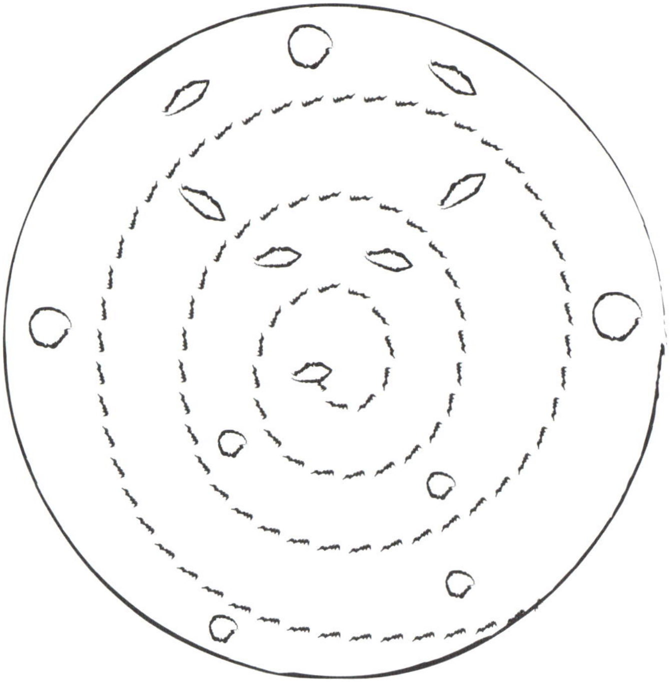

Choisis tes couleurs et commence par relier tous les pointillés du dessin en allant du bord vers le centre. Puis tapote avec la pointe de tes crayons à l'intérieur des cercles et des demi-cercles, remplis-les bien de couleur.

Variante : privilégier les couleurs rouge, marron, noir…toutes les couleurs qui évoquent l'énervement, la colère…

3 à 10 ans

23

Mon premier mandala de collage

Activité : création d'un mandala à base de collage

Il est simple d'inviter un enfant à découper, à coller et de l'aider à découvrir comment colorier au mieux afin de créer un dessin plein de vitalité !

Matériel

Des ciseaux, de la colle, des crayons de couleur, des feuilles blanches.

But : faire correspondre le plus exactement possible les collages et décorer avec des couleurs gaies.

Dessine un grand cercle, à l'intérieur trace des grands triangles, des cercles, des carrés. Dans une feuille blanche découpe des triangles dans des mesures proches de ceux déjà tracés et colle-les dessus. Fais de même pour toutes les formes sur le mandala. Colorie avec une seule couleur chaque forme : triangle, rond, formes ovales allongées, etc. Utilise les pointillés pour colorier en trois parties le reste du mandala !

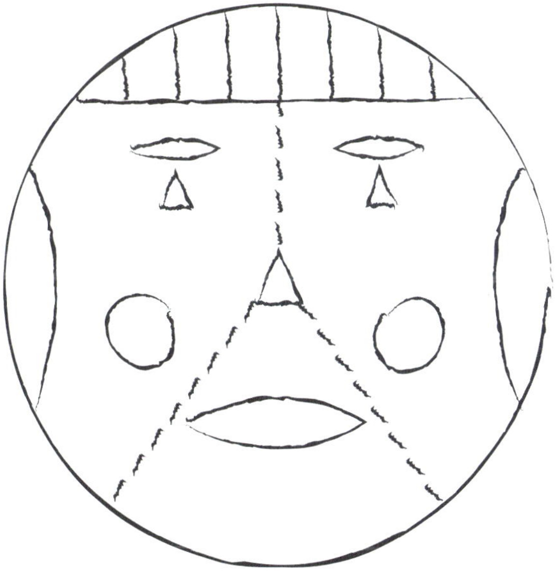

idée +

Plastifiez le mandala terminé pour l'accrocher près des rayons de lumière d'une fenêtre.

Variante : utiliser des feuilles déjà colorées pour découper les formes du mandala.

5 à 10 ans

24

Je fais la pluie et le beau temps

Activité : dessiner la pluie et les manifestations de l'orage

Un enfant qui crée le tonnerre et le beau temps fait jouer en lui deux tempéraments. Plus il crée d'éclairs et de pluie, plus il fluidifie ses états de tristesse, la partie soleil étant sa propre partie solaire.

idée +

L'enfant peut écrire quelques mots résumant les causes de son humeur du moment.

Matériel

Des crayons de couleur.

But : représenter, en suivant les consignes, la pluie et le beau temps.

D'abord, colorie la montagne en privilégiant les traits horizontaux. Ensuite le lac. Passe à la partie gauche du dessin (l'orage), dessine des tas de traits de pluie qui tombent des nuages dans le lac et autour (tapote avec la pointe d'un crayon pour représenter les gouttes d'eau sur le sol), puis des éclairs. Dans la partie droite (beau temps), colorie comme tu le désires.

Variante : refaire (d'où le scan du dessin) mais de la main opposée !

3 à 10 ans

25

Le trèfle porte-bonheur

Activité : dessin et coloriage

Créer un jardin de trèfles de toutes les couleurs permettra à l'enfant d'harmoniser ses humeurs. Par le tracé demandé, son cerveau va travailler avec ses deux hémisphères en simultané, d'où l'apaisement créatif vécu. Je vous conseille de scanner ce dessin avant qu'il ne soit colorié.

idée +

Ce type de dessin est parfait avant l'heure du coucher pour favoriser l'endormissement.

Matériel

Des crayons de couleur.

But : créer un superbe jardin multicolore !

D'abord, dessine les deux huit du trèfle en suivant bien les flèches. Fais cela sept fois. Puis colorie l'intérieur des pétales avec une seule couleur pour chaque. Crée d'autres trèfles autour en multipliant les couleurs.

Variante : commencer dans l'autre sens le contour de chaque pétale.

La course du cycliste

Activité : relaxation créative

Colorier tout en respirant avec un rythme particulier favorisera la créativité qu'offre cette représentation d'une course cycliste. Couleurs et bien-être sont ainsi liés.

Matériel

Des crayons de couleur.

But : colorier et compter sur une même respiration.

Commence par colorier en rouge le chemin. Puis en vert les sapins. Suis avec un trait bleu le contour de la montagne, mais attention : inspire de l'air quand le trait monte et expire dès que le trait descend, et à chaque respiration (inspir et expir), compte doucement « 1, 2, 3, 4 » (dans ta tête). Couleurs libres pour le reste !

idée +

Idéal à faire avant d'attaquer une séance de devoirs, pour être bien disponible !

Variante : créer des parcours où alternent montées et descentes, et penser à bien respirer !

3 à 10 ans

27

Avoir du cœur

Activité : coloriage et expression des émotions

Par cette activité, votre enfant va pouvoir décrire par les couleurs ce qu'il perçoit du mot cœur et l'offrir. Je vous conseille de scanner ce dessin avant qu'il ne soit colorié.

idée +

Parfait pour aider à éloigner les moments de tristesse.

Matériel

Des crayons de couleur.

But : colorier un cœur « gros comme ça » qui apporte plein d'amour autour de soi et offrir le dessin !

Fais d'abord les contours de chaque trait avec la couleur que tu désires, puis colorie l'intérieur de quelques motifs. Imagine bien que tu en feras un cadeau d'amour ensuite, donc implique-toi !

Variante : colorier uniquement avec les couleurs rouge, orange, jaune et vert.

3 à 10 ans

28

Le chant du merle

Activité : colorier et siffler

Un enfant a toujours besoin à la fois de son imaginaire et aussi de sa créativité quand il décide d'être positif et joyeux. Il va ici s'exprimer en coloriant et en sifflant (ou chantant) gaiement sa joie retrouvée !

idée +

Toujours bon à faire réaliser avant un événement qui s'annonce délicat (dentiste, gronderie...).

Matériel

Des crayons de couleur.

But : créer un oiseau de la joie et siffler comme un merle.

Utilise les couleurs qui te semblent les plus joyeuses. Siffle en même temps que tu colories des mélodies gaies et entraînantes !

Variante : dessiner des notes de musique dans le dessin.

3 à 10 ans

29

Le magicien de la douceur

Activité : coloriage et expression corporelle

Dans cette activité l'enfant associe le coloriage et la respiration pour devenir le magicien de la douceur.

idée +

À réaliser quand un enfant est spécialement agité et capricieux !

Matériel

Des crayons de couleur.

But : colorier et respirer tout en émettant « des ondes positives ».

Colorie une première feuille. Quand tu as terminé, souffle très lentement dessus, en pensant que tu envoies cette pensée de douceur à quelqu'un que tu aimes. Recommence pour chaque feuille, dessines-en d'autres et continue tes respirations de douceur.

Variante : rajouter des symboles de douceur : plumes, fleurs, soleil…

5 à 10 ans

30

La méditation des cercles

Activité : méditation et dessin

Très vite votre enfant va aimer créer des dessins évolutifs. Ici il lui sera demandé de regarder un cercle et de le reproduire (sans le modèle) sur une feuille en choisissant les couleurs qui lui paraîtront l'aider à bien se souvenir des détails.

idée +

Aidez-le en lui faisant nommer les formes, le nombre d'objets dans chaque cercle.

Matériel

1 feuille blanche, des crayons de couleur.

But : motiver la concentration en mémorisant un dessin à reproduire.

Ne regarde qu'un cercle (cache les autres) pendant 30 secondes, observe-le attentivement. Ferme les yeux quelques instants, puis rouvre-les et reproduis sur une feuille blanche le cercle et les éléments que tu as observés en rajoutant des couleurs.

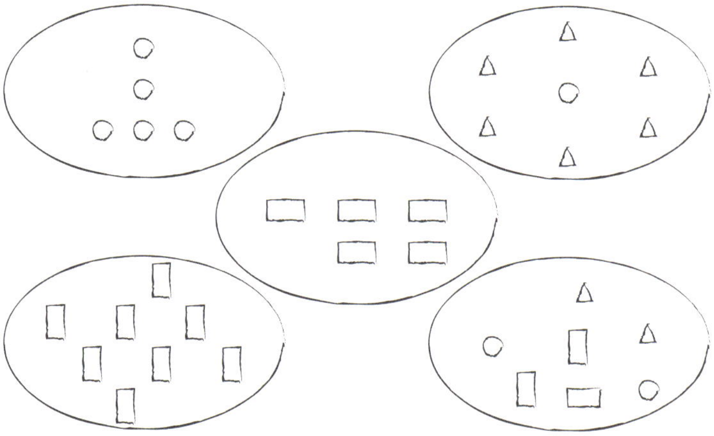

Variante : demander à l'enfant de rajouter un ou deux éléments dans chaque cercle afin de progresser.

5 à 10 ans

31

Des petites bulles colorées

Activité : créativité par la couleur et la respiration

Un enfant devient encore plus créatif quand il comprend que sa respiration, une fois maîtrisée, va le pousser à plus d'imagination !

Matériel

1 feuille de dessin, des crayons de couleur.

But : colorier et respirer en suivant l'évolution du dessin.

1. Tout en inspirant par le nez, dessine lentement une rangée de bulles colorées qui sortent d'un verre pour aller toucher un nuage.

2. Souffle en dessinant ces bulles qui descendent et vont remplir le bol.

3. Fais un maximum de rangées tout en changeant de couleur à chaque fois !

idée +

Accompagnez cette activité d'une musique douce et relaxante.

Variante : inverser en commençant toujours par souffler en partant des nuages qui remplissent les verres.

5 à 10 ans

32

Le vide-grenier solidaire

Activité : créativité solidaire

De nos jours, de plus en plus de gens s'investissent dans des mouvements solidaires de quartiers. Pour vos enfants, la créativité sera de monter ensemble un projet facilement réalisable, dont ils verront les conséquences positives dans les échanges avec les gens qu'ils rencontreront, la valeur de travailler en groupe et d'agir en toute solidarité. Pour rémunérer les enfants, un système de service est demandé : raconter une histoire, chanter une chanson, aider à ranger, travailler dans le jardin... Tout cela avec l'accompagnement des parents !

idée +

Essayez l'idée déjà chez vous avec plusieurs voisins, puis faites cela dans un local commun prêté pour l'occasion, ou demandez à la mairie le prêt d'une salle.

Matériel

Cooptez chez tous les copains jouets, livres, textiles enfants... Des feuilles blanches, des feutres, du scotch professionnel (d'extérieur).

But : créer ensemble une bourse d'échange solidaire et un spectacle.

1. Décidez d'un lieu où vous pourrez faire cette bourse d'échange solidaire. Organisez qui fera quoi : récolter les objets, les évaluer (bon état, valeur...). Définissez pour chaque objet l'échange de service demandé. Par exemple : une poupée de bonne qualité = trois chansons enfantines chantées ! Une barboteuse = un conte lu, ou une danse, ou un cours de danse, etc.

2. Préparez des affichettes indiquant que vous cherchez à récolter tout ce qui est pour enfant de 0 à 10 ans dans le but d'organiser à telle date une bourse d'échange, puis un spectacle (qui doit être proche de la date des échanges, ou même suivre directement les échanges !). Fixez-les à des endroits visibles avec le scotch d'extérieur (n'oubliez pas ensuite de les enlever).

3. Pendant les échanges, notez bien qui s'engage pour le spectacle.

Variante : les échanges peuvent porter sur le jardinage, le bricolage, l'informatique, la cuisine, les courses...

5 à 10 ans

33

Le costume de l'escargot

Activité : découverte des couleurs

Un enfant ne se rend pas toujours compte des variations de couleurs possibles. Aussi pour le pousser à développer sa créativité est-il bon qu'il crée une véritable palette personnalisée. Je vous conseille de scanner ce dessin avant qu'il ne soit colorié.

idée +

Plastifiez et utilisez comme déco au mur ou comme tapis de souris.

Matériel

Le plus grand choix possible de crayons de couleur.

But : colorier la maison de l'escargot et admirer toutes ses nuances.

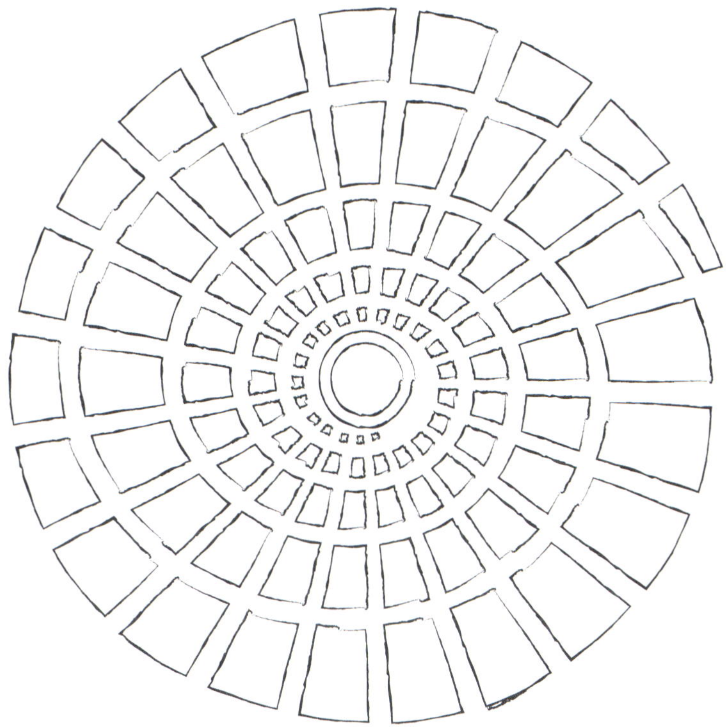

Commence en progressant du plus petit au plus grand, en changeant à chaque fois de couleur. Finis en rajoutant une tête et des antennes pour faire vivre ton escargot !

Variante : apprendre à faire des mélanges de couleurs avec la peinture à l'eau et peindre !

5 à 10 ans

34

Les lettres de couleurs

Activité : coloriage et expressions positives

Écrire en lettres colorées est une approche créative de l'écriture. Marier cela avec des phrases positives permet à l'enfant d'être plus en harmonie, donc plus imaginatif !

Matériel

Des crayons de couleur très bien taillés.

But : s'exprimer en couleurs et en termes positifs.

Rejoins chaque pointillé de chaque lettre, mais avec une couleur différente par lettre ! Parle ensuite de ce que tu trouves positif autour de toi et explique pourquoi.

Variante : faire le même exercice mais avec l'autre main !

La nature est belle.

Le soleil brille toujours.

J'accepte de grandir tous les jours

Après la pluie vient le beau temps.

5 à 10 ans

35

Les planètes bicolores

Activité : créativité par association de couleurs

S'amuser à associer les couleurs est une excellente façon d'apprendre à décrypter la nature ensuite. Ici, ce sont les couleurs complémentaires qui sont favorisées !

idée +

En profiter pour repérer dans la maison ce qui est bien associé et ce qui pourrait être amélioré.

Matériel

Des crayons de couleur.

But : découvrir les couleurs par le dessin et celles qu'on peut reconnaître associées dans la nature.

Chaque cercle doit être fait en deux couleurs au choix : bleu-orange, rouge-vert, jaune-violet, rose-vert foncé, turquoise-rouge, bleu-jaune.

Continue en choisissant d'autres associations de deux couleurs, comme tu le désires.

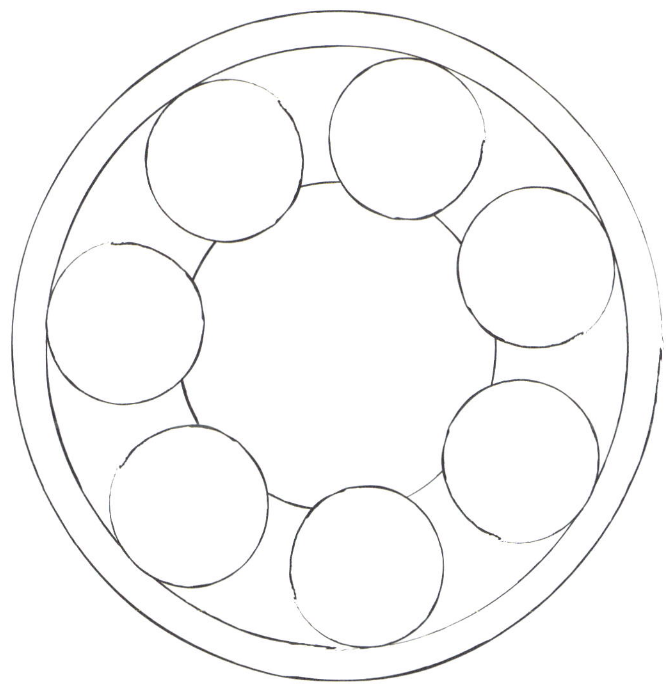

Variante : ne faire qu'une association de deux couleurs pour l'ensemble du dessin.

5 à 10 ans

36

Les joyeux conteurs

Activité : création de contes personnalisés

Pousser les enfants à créer des contes les amène à inventer des personnages incroyables et des aventures rocambolesques ! Afin de les aider pour le départ de la création, voici un schéma de base facilement adaptable aux besoins réels des participants. Une bonne histoire est faite de bons personnages et d'une intrigue sympa à résoudre !

idée +

Les enfants écrivent ou enregistrent leur histoire ensuite.

Matériel

Une grande feuille (au moins A3).

But : s'entraîner avec ses copains à écrire des contes fantastiques.

1. Utilise la première ou la troisième lettre de ton prénom pour être l'un des héros :
ab = le dragon, cd = le chevalier,
ef = la princesse, gh = le sorcier, ij = la fée,
kl = le tonnerre, mn = le feu, op = la pluie,
qr = le magicien, st = l'étoile du matin,
uv = la licorne, wx = le roi, yz = la reine.

2. Utilise le mois de ta naissance :
janvier = le voyage sous la terre ancienne,
février = la recherche du trésor maudit,
mars = le voyage dans le temps,
avril = la rencontre amoureuse,
mai = le retour des super héros,
juin = la quête des chevaliers,
juillet = le mariage de la princesse,
août = la découverte des nouvelles terres,
septembre = à la recherche des peuples disparus,
octobre = la chasse aux loups,
novembre = franchir les montagnes de feu,
décembre = voguer en bateau sur des mers inconnues.

Variante : changer ou déplacer les personnages au niveau des lettres, pareil pour l'intrigue (ou en inventer d'autres !).

5 à 10 ans

37

La souris qui glisse

Activité : bricolage créatif

Beaucoup d'enfants s'énervent avec leur souris d'ordinateur sur un support mal adapté. Laissez-les créer leur propre tapis de souris en le personnalisant ! Accompagnez-les pour les prises de vue.

idée +

Idée pour un cadeau d'anniversaire ou de Noël à réaliser par les enfants eux-mêmes.

Matériel

Un appareil photo numérique (ou smartphone avec appareil photo, ou photo numérique déjà prise), une pochette plastique transparente à document, des ciseaux, une colle à plastique, un pinceau fin.

But : créer son propre tapis de souris personnalisé.

1. Mets en scène une photo : toi avec des copains et/ou des copines, ou toi jouant à Superman, ou encore toi et ta maman dans un jardin, avec ton chien ou ton chat, en pleine séance de sport, etc. Demande à un proche de prendre la photo quand tu auras préparé la scène.

2. Édite la photo en 20 x 30 cm sur papier.

3. Glisse la photo dans l'angle de la pochette transparente. Découpe pour ajuster la pochette à la photo en laissant juste 1 cm de battement sur les deux côtés non joints. Colle la pochette sur les côtés avec le pinceau fin. C'est prêt !

Variante : voir avec une personne capable de faire du photomontage pour se mettre en scène sur une plage, avec une star, etc.

3 à 10 ans

38

La valise à graffitis

Activité : création d'un espace privé spécial graffitis

Permettre aux enfants de créer ce qui leur passe par la tête dans un emplacement dédié débride beaucoup leur imagination ! Si, en plus, cet endroit est frappé du sceau du « non jugement », vous favorisez la créativité et le lâcher-prise, le tout dans un cadre visible plutôt que n'importe où. Trouvez une vieille valise ou un carton qui sera à la fois l'emplacement de stockage et l'atelier de réalisation.

idée +

Apprenez bien aux enfants que ce contrat entre eux et vous implique le rangement du matériel à la fin.

Matériel

Une vieille valise ou un grand carton, des feuilles blanches, du papier journal, de la pâte à modeler.

But : profiter d'un espace graffitis pour créer des œuvres personnelles uniques !

1. Ouvre ta valise à graffitis et délimite l'espace de ton activité en le protégeant avec du papier journal (au sol ou sur le bureau). Prends une feuille blanche et dessine de grandes boucles de couleur en pensant à quelqu'un que tu aimes. Puis, fais des traits cassés en pensant à quelqu'un que tu n'aimes pas.

2. Dessine un rectangle sur une autre feuille. Au centre, imagine une situation qui t'énerve : lance de la pâte à modeler dessus ! Trace un rond, imagine une situation que tu voudrais favorable, représente une fleur de toutes les couleurs…

3. Signe toujours tes œuvres (même d'un seul trait) et range-les dans la valise ou le carton prévu à cet effet. Il n'y a que toi qui puisses y avoir accès et tu ne seras pas jugé sur ce que tu exprimes !

4. Range et nettoie l'emplacement.

Variante : prévoir un espace « correspondance » sur la feuille pour échanger avec les parents.

3 à 10 ans

39

Le peintre médium

Activité : musicothérapie

Un dessin dirigé est une activité assez simple pour les enfants ; en revanche, les laisser libres de créer sur une page blanche, sans leur donner de consigne, c'est déjà plus difficile pour certains. Ici, la créativité va être facilitée grâce à la respiration et à la musique. La musique favorisera le lâcher-prise, indispensable à la création, et il n'est demandé à personne de réaliser une œuvre d'art : l'important est de se sentir libre de faire ! L'enfant crée ses propres formes et associations de couleurs. Accompagnez les plus jeunes (3 à 5 ans).

idée +

Favorisez l'écoute en apprenant à votre enfant à étirer les contours et les lobes de ses oreilles.

Matériel

Des feuilles blanches, des crayons de couleur.

But : respirer tranquillement, écouter la musique et laisser sa main exprimer par les couleurs et les formes, sans particulièrement la diriger.

1. Choisis une musique douce et écoute-la dans une position détendue : par exemple, pose tes deux coudes sur le bureau et place ta tête dans tes mains. Ferme les yeux quelques instants et respire en faisant des expirations plus longues que les inspirations. Laisse-toi bercer par la musique.

2. Ouvre les yeux, ne pense à rien de particulier, laisse-toi guider par un crayon de couleur, le premier qui t'attire. Place-le sur la feuille blanche et crayonne, sans intention particulière. Laisse tes mouvements libres, peut-être fais-tu des cercles, des traits verticaux ? Ta main est indépendante, libère ta créativité, laisse se mettre sur le papier des traits, des formes, des couleurs inattendues !

Variante : suggérer une image de paysage (la mer, la montagne, autre…) et suivre le processus respiration et lâcher de traits !

3 à 10 ans

40

Le petit pendule magique

Activité : dessin et développement de l'intuition

Libérer la créativité, c'est aussi se faire confiance, accepter que l'on n'est pas en permanence disponible aux ressources de notre imaginaire car elles n'ont parfois pas le temps ou le cadre pour s'exprimer. Voici une activité simple pour débrider la créativité et lui permettre de s'accroître simplement.

idée +

Faites l'activité aussi, en parallèle avec l'enfant : cela va favoriser une complicité créative très originale !

Matériel

Un fil de pêche (10 cm), un anneau (si possible en métal) ou une clef légère, des feuilles, des crayons de couleur.

But : utiliser un pendule magique pour peindre.

1. Accroche l'anneau au fil de pêche (fais-toi aider). Dessine sur une feuille un éventail ouvert ou une coquille Saint-Jacques. Sépare en sept parties égales cet éventail. Tu vas colorier chaque partie dans cet ordre : de gauche à droite, tu commenceras par le rouge, puis le orange, le jaune, le vert, le bleu, l'indigo (ou violet clair), le violet foncé.

2. Maintenant, imagine-toi grand mage ! Tu demandes aux forces de la nature de venir t'aider à choisir tes couleurs pour peindre. Voici commencer procéder : place ton pendule magique, fil tendu, juste au-dessus du point noir. Demande-lui de t'indiquer la première couleur à utiliser sur le dessin. Ne pense à rien, laisse-le se balancer pour aller d'avant en arrière (ou en cercle) dans la direction de la couleur choisie.

3. Utilise ton pendule magique pour choisir chaque couleur ! Ensuite commence à peindre un cercle dans lequel tu ajouteras d'autres cercles avec les couleurs indiquées par ton pendule.

Variante : recopier la grille des couleurs en indiquant pour chacune d'elles un aliment et construire un menu personnalisé !

3 à 10 ans

41

Le jeu du silence

Activité : expression corporelle et verbale

Pour certains enfants, faire silence peut vite devenir une situation d'enfermement, ils ne le supportent pas ! Or le silence peu justement leur permettre d'être encore plus créatifs… Voici comment les aider à conjuguer créativité et silence. Pour commencer l'activité, désignez un premier meneur de jeu.

idée +

Développez cette technique à table, afin de leur laisser le temps d'apprécier ce qu'ils mangent pendant la période de silence.

Matériel

Un endroit où l'enfant peut s'ébattre.

But : s'amuser à jouer au moine et au perroquet.

1. Le meneur de jeu (parent ou camarade) donne le top silence ; marche en cercle en silence pendant une minute avec tes copains ou proches, en pensant au thème que le meneur de jeu vous a proposé : « De quelles couleurs sont les plumes du perroquet ? »

2. Top parole ! Le meneur de jeu vous dit : « Parlez-moi des plumes du perroquet ! » et chaque enfant parle du perroquet en essayant de compléter ce que l'autre a dit pendant une minute.

3. Top silence ! Le meneur de jeu indique de nouveau le silence et vous demande de réfléchir au thème suivant : « Décrivez le lieu où vivent ces perroquets colorés ». Tes amis et toi n'y répondrez que lorsque le meneur de jeu vous aura donné le top parole !

Variante : construire toute une histoire à partir du quotidien : école, devoirs, réseaux sociaux…

3 à 10 ans

42

La salutation au soleil

Activité : yoga créatif

Le yoga créatif consiste à imiter les mouvements des astres et à en exprimer la beauté. Ici, le soleil demande grâce et souplesse, et cet enchaînement constituera un excellent échauffement musculaire et régulateur cardiaque. Ensuite, laissez votre enfant créer son propre mouvement du soleil ! Accompagnez les plus jeunes.

Matériel

Un tapis de sol, ou un sol doux, une tenue souple.

But : exécute avec ton corps le mouvement du soleil qui monte et descend dans le ciel.

Suis doucement l'enchaînement des mouvements. Puis à toi d'inventer, en mouvements, ta propre représentation du soleil !

Variante : finir assis, le fessier sur les talons, le front posé au sol, les bras en arrière, pour se reposer !

5 à 10 ans

43

La photo solidaire

Activité : créativité solidaire

Beaucoup de parents se rencontrent par l'intermédiaire des enfants, à l'école, au parc de jeux, aux cours de musique ou de sport, etc. Être créatif, c'est aussi développer en soi la capacité de proposer des idées qui réunissent, engagent, et de les mener jusqu'au bout. Voici un exemple avec une photo solidaire de parents, basée sur le slogan : « Se parler enrichit chacun ! » Bien sûr, laissez les enfants organiser mais gardez un œil vigilant sur l'événement.

idée +

Créez un cahier solidaire où chacun déposera l'idée d'un événement solidaire.

Matériel

Un cahier, un stylo, un appareil photo, une imprimante.

But : réunir des gens qui ne se connaissent pas, ou peu, en les fédérant par une idée bénéfique pour tous.

1. Demande l'accord de ton enseignant pour donner une affichette à chaque parent de la classe présentant l'événement : une photo de tous les parents qui, dans un mois, sera affichée sur les panneaux de l'école sur le thème « Se parler enrichit chacun ! ». Précise le lieu, la date et l'heure !

2. Chaque semaine avant le jour J, redistribue une belle affichette pour « relancer » les futurs participants avec de nouveaux arguments : « Les parents donnent l'exemple ! », « Discuter ensemble permet d'évoluer vers la paix ! », etc.

3. Le jour de la photo, tu offriras avec tes copains un petit buffet (une assiette de gâteaux, un jus de fruit) et demanderas à chaque parent de prendre le temps de rencontrer les autres parents pour parler du thème du jour.

4. Une fois la photo développée, affiche-la sur le panneau de l'école. Demande à un parent de voir avec le journal local ou la mairie pour que l'on parle de cet événement solidaire !

Variante : penser à des idées pratiques où chaque parent peut partager une idée solidaire (découverte de la nature et des animaux, initiation à un sport...).

5 à 10 ans

44

Créer la réalité décalée

Activité : mise en scène en utilisant le réel et l'imaginaire

Créer des scènes dans des endroits insolites, où sont mêlés personnages inattendus et réalité quotidienne, développe l'imaginaire de l'enfant et renforce l'expansion de sa créativité. Voir une souris appuyée contre une chaise, un copain qui repousse une montagne, tout cela devient possible avec la réalité décalée !

idée +

Utilisez d'abord la maison pour cette activité, cela permettra de la voir sous un tout autre aspect, créatif et joyeux.

Matériel

Un carré de plexiglass transparent de 20 x 30 cm (rayon déco en magasin de bricolage), du film plastique transparent (type alimentaire), magazines photos, ciseaux, appareil photo.

But : créer une scène insolite entre imaginaire et réalité, la prendre en photo et la diffuser sur Internet.

1. Repère dans ta maison un endroit où tu pourrais créer une scène insolite : par exemple, tu veux mettre en scène un chat debout sur une chaise qui ouvre le placard où sont rangés les biscuits ! Trouve dans les magazines une photo d'un chat qui a une patte tendue en avant (ou sur Internet et tu imprimes) et découpes-en les contours.

2. Dans la cuisine, pose une chaise face à un placard ouvert de façon à bien voir ce qu'il y a à l'intérieur (les paquets de biscuits !). Recouvre le plexiglass de film plastique bien tendu. Positionne l'image du chat debout sur la chaise, patte tendue sur la porte du placard (rapproche-toi ou, au contraire, éloigne-toi de la scène pour vérifier que les proportions fonctionnent) et une fois bien calée, fixe l'image sur le film avec un point de colle.

3. Prends la photo et diffuse-la sur ton réseau social, ou bien crée un blog (avec un adulte) que tu dédieras à ce type créations, tu auras vite des fans et des like !

Variante : un ours qui se frotte le dos contre une tour, un cycliste en équilibre sur un banc...

3 à 10 ans

45

Le petit médecin en herbe

Activité : créativité et dessin

Faire appel à la créativité des enfants pour qu'ils mettent en mots ce qu'ils ressentent, dire là où ils ont mal, est idéal pour leur faire prendre conscience qu'ils ont en eux toutes les ressources pour agir. Accompagnez votre enfant s'il accepte. N'hésitez pas à scanner le dessin pour le réutiliser.

idée +

Utilisez aussi ce dessin pour exprimer des événements difficiles à verbaliser.

Matériel

Des crayons de couleur.

But : avec des couleurs, agir sur la douleur et exprimer ce qui ne va pas.

1. Commence par indiquer avec ton crayon, en faisant une croix, l'endroit où tu as mal. Parle de pourquoi tu as mal. Ensuite, tu vas colorier les parties du corps avec l'intention de t'apporter du réconfort et du bien-être.

2. Pour apaiser tes bobos : bleu, vert, violet en général. Pour la fatigue et le manque de joie : rouge sur les reins et le coccyx. Pour l'anxiété : orange sous le nombril et le bas du dos. Si tu es énervé et colérique : jaune au-dessus du nombril. Si tu te sens triste : vert sur les poumons, le cœur et le haut du dos. Si tu toussotes ou as du mal à dire : bleu sur la gorge. Pas envie de participer : violet au milieu du front et à l'arrière du crâne. Besoin d'espace, d'écoute, de partage : blanc au sommet du crâne.

Pansements à découper
et à coller à l'endroit du bobo

Variante : scanner un dessin où sont représentés les organes afin de bien en préciser l'emplacement.

3 à 10 ans

46

Le mime et le miroir

Activité : mime et créativité

Mimer à deux dans un temps donné, en étant face à face, fait appel à beaucoup de perspicacité de la part de celui qui imite et de créativité pour celui qui dirige le mime. Le but est que l'enfant qui reproduit les mouvements ait l'impression d'être un miroir qui renvoie exactement l'image. Ici, vous pouvez arbitrer le jeu pour juger de l'exactitude du mime !

idée +

Faites réaliser un peu de course sur place afin de chauffer les muscles.

Matériel

Un espace libre pour les mouvements, un chronomètre, un meneur qui chronomètre et qui juge le mime.

But : reproduire exactement les mouvements réalisés par celui qui est en face de soi.

1. Positionne-toi à un mètre de ton équipier. Au top départ, pendant une minute, celui qui est en face de toi commence une série de mouvements au super ralenti. Tu dois suivre exactement ses mouvements à la même vitesse. S'il nettoie une vitre, tu fais comme lui ; s'il imite un rappeur, tu fais le rappeur ; gestes et expressions du visage doivent être imités au mieux ! Le meneur qui tient le chronomètre jugera ta prestation.

2. Dos à dos debout, le match continue. Attention : les mains des deux joueurs sont paumes contre paumes et ne se quittent jamais ! Le créatif peut saluer, se baisser, faire tourner son bassin… Le meneur donne ses notes entre 1 et 10 pour chaque étape du jeu et donne le premier total. À ton tour d'être le créatif et de jouer avec ton copain qui va mimer !

Variante : alterner les phases lentes et rapides.

5 à 10 ans

47

Devine ce que je pense

Activité : théâtre et création de personnages

Tout petit, l'enfant se repère déjà à votre expression du visage pour comprendre votre humeur et ce que vous tentez de communiquer. Il vous imite alors pour se faire comprendre. Le théâtre des émotions est très intéressant car il pousse l'enfant à aller plus loin en développant des personnages truculents ou imaginaires. Adaptez en montrant bien d'abord aux enfants de 3 à 5 ans.

idée +

Faites avec eux, une belle complicité naîtra de cet échange.

Matériel

Un espace tranquille, une boîte, du papier, un crayon.

But : créer des personnages en utilisant leur expression favorite.

1. Écris sur des petits papiers (fais-toi aider si nécessaire) des expressions (ou émotions) à imiter : fierté, tranquillité, joie, rire, sévérité, orgueil, hypocrisie, colère, frayeur, surprise, peur, fatigue, tristesse, curiosité, inquiétude… Mets tous les papiers dans une boîte.

2. Tire un papier et compose un personnage ayant le trait de caractère indiqué. Tu as le droit de faire des gestes, de bouger et de danser, de lier le personnage à un métier, mais aucun mot ne doit être prononcé ! Tes copains doivent deviner l'expression mimée. Chaque participant mime après avoir tiré un bout de papier dans la boîte et juge l'imitation de l'autre !

Variante : trouver dans des livres jeunesse des personnages en rapport avec les expressions mises en scène.

La zen attitude

Activité : créer un jardin zen

Créer un jardin zen est une manière de se relaxer. L'important est de faire comprendre que ce type d'activité apaise l'esprit et permet d'être en correspondance avec soi, c'est un endroit où l'enfant fait le silence et crée ! Accompagnez-le pour la réalisation, surtout pour les 3 à 5 ans. Activité à réaliser au maximum dans le silence…

idée +

Prenez une photo à chaque changement du jardin, tenez un journal de bord pour suivre l'évolution.

Matériel

Une boîte à chaussures, un cutter (à utiliser avec un adulte), du sable de couleur (ou semoule), des allumettes, une mini soucoupe (style dînette), un petit arbre (même en plastique), un petit râteau, des graines de soja, des lentilles, une petite pierre…

But : créer un jardin de repos, de paix et d'amour, à placer dans la chambre de l'enfant.

1. Place devant toi la boîte à chaussures fermée et demande à un adulte de découper au cutter le couvercle en le laissant sur la boîte : le bord du couvercle doit rester enfoncé sur la boîte.

2. Répands ton sable coloré au fond, puis passe doucement le râteau afin que le sable soit impeccable. Ajoute ton arbre proche du bord du fond.

3. Dessine avec ton doigt un chemin droit ou courbe qui va vers l'arbre, place tes allumettes allongées les unes derrière les autres afin de bien construire ce chemin. À droite de l'arbre, enfonce ta petite soucoupe à ras du sable. Verses-y un peu d'eau et dispose tes pierres tout autour.

4. Décore le jardin avec des massifs de lentilles vertes (ou corail, ou soja). Regarde ta création… Ferme les yeux, imagine-la mentalement… Ouvre les yeux… Amuse-toi à faire cela régulièrement, c'est ton endroit de paix où tu feras le silence. Pense à changer la déco ou à l'améliorer régulièrement.

Variante : chercher et repérer des objets qui pourraient idéalement faire évoluer le jardin zen.

3 à 10 ans

49

L'eau positive

Activité : créativité et positivité

Développer sa créativité par une attitude positive construit un enfant plus à l'écoute de ce qui l'entoure, moins dans le jugement et surtout plus communicatif. L'activité ci-dessous a été démontrée et testée par le professeur Emoto au Japon. L'enfant se sensibilise au fait que sa pensée créatrice a une action dans son rapport à son entourage. Pour les enfants de 3 à 5 ans, scotchez de belles images.

idée +

Intéressez votre enfant aux sources miraculeuses existant dans toute la France.

Matériel

Une bouteille, de l'eau, du papier, du scotch, un stylo.

But : comprendre que son type de pensée agit sur tout ce qui l'entoure.

1. Remplis ta bouteille à moitié. Choisis tes phrases positives, par exemple : « Je vais bien », « Le soleil brille pour moi », « Ma journée est belle », « Je reste toujours confiant », etc. Inscris une première phrase sur un bout de papier et fixe-le avec du scotch sur la bouteille.

2. Prends la bouteille dans tes mains, ferme les yeux une minute et répète dans ta tête la phrase positive que tu as collée. En même temps, imagine que de tes mains et de ton cœur part plein d'énergie de force et d'amour et que l'eau devient ainsi une réserve puissante de positivité ! Fais cela si possible une fois par jour.

3. Au moment du petit-déjeuner, avant de partir à l'école, ou quand tu te sens fatigué, bois un verre de ton eau de force ! Tu vas changer d'humeur ! Une fois la bouteille terminée, change de phrase ou reprends l'ancienne, c'est toi qui choisis !

Variante : le même processus avec une phrase-clé adressée à quelqu'un qui en a besoin, ce sera un super cadeau !

3 à 10 ans

50

L'instinct animal

Activité : créativité et expression corporelle

Les enfants adorent s'amuser à imiter les animaux ! Cela développe leur motricité et les oblige à être créatifs, d'autant plus si chaque animal, par tirage au sort, se retrouve dans une situation inhabituelle : un ours qui fait de la moto, un cobra qui fait la cuisine... Un trait de caractère viendra compléter le tableau, rajoutez vos idées ! Pour les 3 à 5 ans, commencez le jeu en imitant avec eux.

idée +

Commencez par une bonne séance de respiration rapide afin d'éviter ensuite le défoulement !

Matériel

3 boîtes, du papier, des crayons.

But : imiter le comportement d'un animal dans le quotidien d'un humain.

1. Première boîte. Écris sur des papiers différents des noms d'animaux : l'ours, le chat, le chien, le cheval, la cigogne, l'âne, le gorille, le cobra, le verre de terre, le canard, l'oie, le taureau, la lionne, l'écureuil, la grenouille, le paresseux, le koala (rajoutes-en si tu veux).

2. Deuxième boîte. Écris des situations : prendre la douche, faire de la moto, préparer la cuisine, s'habiller chaudement, jouer à la playstation, faire du yoga, avoir un sommeil agité, ranger sa chambre, jouer le macho, courir au ralenti, être enseignant, bricoler, être une star de rap (rajoutes-en si tu veux).

3. Troisième boîte. Écris des traits de caractère ou d'humeur : énervé, peureux, joyeux, affamé, endormi, paresseux, triste, timide, dingue, amoureux, boudeur (rajoutes-en si tu veux).

4. Chaque participant tire au sort un papier dans chaque boîte et construit un ou deux personnages pendant trois minutes devant le public qui le juge !

Variante : organiser une scène familiale courante (comme un goûter) où chacun jouera son rôle d'animal.

5 à 10 ans

51

Le prince de l'hypnose

Activité : créativité et expression verbale

Il est très amusant pour les enfants de développer leur créativité par le jeu de l'hypnose ! Utilisez le protocole proposé ci-contre, complétez-le, rajoutez des termes qui vont faciliter le ressenti de chacun.

idée +

Idéal pour faire passer de phase négative à positive des vécus difficiles !

Matériel

Un endroit calme, silencieux, une lumière d'ambiance douce.

But : devenir le prince de l'hypnose et amener ses proches à vivre des expériences inattendues.

1. Commence avec un proche. Ta voix doit être douce et répétitive, pas autoritaire. Voici le texte : « Tu n'écoutes que ma voix, je vais compter de 5 à 0, et à 0 tu ne pourras entendre qu'elle. 5 tes yeux se ferment, 4 tu te détends, 3 ton corps est lourd, 2 tu te sens bien, 1 tu es relaxé, 0 tu n'écoutes que ma voix. »

2. « Tes paumes ouvertes vers le ciel, je dépose un kilo de carottes dans ta paume droite, c'est lourd, tu es déséquilibré ; je dépose un kilo de carottes dans ta main gauche, tu es équilibré. Le vent te pousse en arrière, en avant, tu résistes ! Tu arrives sur les glaciers, tu frissonnes ; tu passes dans le désert, tu as chaud ; tu descends un grand toboggan, tu rigoles ; tu passes dans une grotte, tu as peur ; une fourmi monte le long de ton bras, elle te chatouille ; tu te caches, un tigre approche ; un gros nounours te fait un câlin. »

3. « À 5 tu reviens à toi : 1 tu commences à bâiller, 2 tu étires tes bras, 3 tu ouvres les yeux, 4 tu es en pleine forme, 5 tu es complètement présent ! Bienvenu ! »

Variante : le processus peut être utilisé pour amener l'endormissement, être en confiance…

3 à 10 ans

52

Les éléphants à l'écoute

Activité : écoute et expression corporelle

Savoir se déplacer les yeux fermés, sans parler et en file indienne, demande beaucoup d'écoute et d'imagination ! Si, en plus, le meneur qui dirige ne peut s'exprimer qu'avec des bruits d'animaux, vous allez créer un phénomène de groupe où la cohésion amplifiera la créativité de chacun afin que l'expérience réussisse !

idée +

Diffusez quelques minutes avant le jeu une huile essentielle d'orange pour lier les enfants entre eux.

Matériel

Un grand espace où l'on peut disposer des objets au sol : chaises, coussins, piles de livres…

But : créer la marche des éléphants silencieux qui ne doivent rien casser sur leur passage.

1. Répartis au sol des objets encombrants, ce seront les obstacles à ne pas toucher ! Il y a un meneur et un groupe d'éléphants en file indienne qui se tiennent par la main au départ de la pièce. Le but est que ce groupe aille rejoindre un endroit précis dans la pièce sans toucher aucun obstacle !

2. Le meneur ne peut s'exprimer qu'en faisant le bruit de l'abeille pour faire aller le groupe en avant, le miaulement du chat pour aller en arrière, le chien pour aller à droite, le coq pour aller à gauche ! De plus, tous les éléphants ont les yeux fermés !

3. Le parcours est chronométré, chacun devient meneur, un obstacle touché coûte 5 secondes de plus au groupe, et le parcours change à chaque fois. Donc, on écoute et on imagine un parcours invisible !

Variante : faire progresser le parcours dans toutes les pièces de la maison !

5 à 10 ans

53

L'aventure du goût

Activité : développer la créativité par le sens du goût

Les enfants sont très cooptés par les publicitaires qui tentent de les pousser à préférer certains goûts ! Pourquoi ne pas utiliser la découverte du sens du goût pour développer la créativité et ainsi se diriger vers une alimentation plus équilibrée ? Prenons comme exemple le petit-déjeuner.

idée +

À vous de fournir une alimentation variée pour accentuer la créativité de vos enfants.

Matériel

Un choix d'aliments varié, deux assiettes dont une cachée sous une serviette, une fourchette, une cuillère, un foulard (pour cacher les yeux).

But : raconter une aventure en utilisant ce qu'inspirent les différents aliments.

1. Le but du jeu est de raconter tout ce que tu ressens. Pour commencer, tu as devant toi dans une assiette des aliments que tu peux voir, par exemple : un quartier d'orange, des noix, du pain. Ferme les yeux. Goûte un morceau de chaque en mastiquant très lentement. Dis pour chaque s'il y a du jus, si c'est salé, sucré, dur, mou… Lequel de ces aliments pourrait être le héros de ce petit-déjeuner ? Pourrait-il rencontrer l'un des autres aliments ? Si oui, mange un peu des deux en même temps. Quels sont ceux qui, selon toi, ne pourraient jamais se marier ensemble et pourquoi ? Essaye quand même de les goûter en même temps, qu'en penses-tu ?

2. Dans la deuxième assiette recouverte de la serviette, ton parent a placé des aliments mystères. En fermant les yeux, goûte ces aliments un par un. Y a-t-il des mariages possibles, des groupes d'amis envisageables ?

3. Raconte ton aventure : le héros, le mariage, les amis proches envisageables… et propose un menu idéal pour le petit-déjeuner !

Variante : l'aventure des goûts avec les épices ou les huiles que l'on hume avant de goûter…

3 à 10 ans

54

Un avion dans le yaourt

Activité : créativité et bricolage

Utiliser des ustensiles du quotidien pour débrider la créativité et pour s'amuser en mangeant un yaourt, c'est simple et cela permet de bien finir le repas !

idée +

Personnalisez chaque cuillère afin d'éviter qu'il y ait bagarre !

Matériel

Une cuillère à dessert, deux petits élastiques, des ciseaux, des feutres.

But : créer un avion avec une petite cuillère.

1. Dessine deux ailes d'avion pas trop grandes (pour une petite cuillère !) puis deux autres plus petites et décore-les à ton goût. Découpe-les.

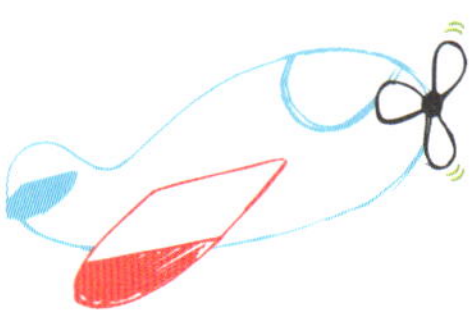

2. Pose les grandes ailes sous le manche de la cuillère. Passe l'élastique autour du manche, sous l'aile droite, autour du manche pour aller sous l'aile gauche, enroule de nouveau autour du manche.

3. Quand tu auras fait pareil avec les petites ailes, ton avion sera prêt : vivement le yaourt, ou la tarte !

Variante : la cuillère à soupe devient un super bombardier !

3 à 10 ans

55

Les enfants sont les parents

Activité : jeu de rôle créatif

Il est intéressant de pousser les enfants à inventer des situations où ils vont à la fois se servir de leur acquis mais aussi créer des cadres d'expressions possibles. L'avantage de prendre les parents comme cobayes fera qu'il sera plus facile pour eux d'être directement impliqués et de faire passer des infos. Les enfants mettent en scène les parents.

idée +

Une petite séance de massage générale des paumes des mains apportera un contact tactile doux immédiat qui favorisera le respect ensuite.

Matériel

Un espace d'accueil chaleureux.

But : mettre en scène les parents et inventer des situations rigolotes !

1. Tes parents sont devant toi et vont suivre tes consignes. Construis bien chaque événement. Les parents ont le droit pendant le jeu de poser des questions (comme tu le ferais pour comprendre ou savoir). Tu peux, par exemple, leur demander de jouer une situation que tu connais (ton quotidien) : le matin ils se lèvent, ils préparent leur cartable (prête-leur tes affaires). L'après-midi, ils rentrent de l'école, prennent leur goûter, jouent à la console (prête ta console), font leurs devoirs, travaillent leur piano...

2. Autres exemples de situations : ils font des courses, rangent leur chambre, écrivent des cartes postales, préparent un repas, etc.

3. Tu peux aussi leur demander de jouer un rôle qu'ils ne connaissent pas : plombier (hop ! sous l'évier), Président de la république, athlète de haut niveau, assistante sociale, médecin, boulanger, épicier…

4. Séance débriefing : chacun raconte comment il a vécu son expérience et a le droit (sans juger) de demander des précisions !

Variante : les parents acceptent de jouer les grands-parents, oncles et tantes, cousins …

3 à 10 ans

56

Le théâtre d'ombre

Activité : théâtre et conte

Les ombres stimulent toujours l'imagination, alors les construire soi-même et inventer des contes avec des ombres va favoriser la créativité sous toutes ses formes. Pour les 3 à 5 ans, réalisez le jeu vous-même.

idée +

Progressivement vous pouvez déconnecter des peurs de l'endormissement en expliquant que ombre et lumière sont naturellement voisines.

Matériel

Un mur dégagé, une bougie ou une lampe.

But : jouer avec l'ombre et la lumière pour faire parler des personnages fantastiques.

Déroulement de l'histoire : un personnage mène sa quête et revient vainqueur.

Variante : découper dans un carton : un nuage, un soleil, une maison… à agrafer sur un bâton pour faire un élément de conte en plus.

3 à 10 ans

57

Les artistes s'expriment

Activité : dessin et pâte à modeler

Utiliser le toucher plutôt que les yeux pour réaliser un dessin ou une sculpture pousse votre enfant à se représenter le monde totalement différemment qu'à l'accoutumée et à créer un panel d'expressions plus vaste. Pour les 3 à 5 ans, utilisez surtout la pâte à modeler.

idée +

Remplacez le modèle vivant par des objets usuels (plus froids) pour pousser plus loin le domaine de la créativité.

Matériel

Un modèle, des feuilles de dessin, des crayons de couleur, de la pâte à modeler.

But : comme un artiste, développer ses ressentis en dessinant et en sculptant d'après un modèle que l'on ne voit pas.

1. Le modèle (par exemple un frère) est sur le côté, toi face à ta feuille. Le modèle va prendre une posture et une expression du visage particulières ; tu fermes les yeux et tu touches avec tes mains le visage du modèle pendant une minute. Puis tu ouvres les yeux et tu dessines sans regarder ton modèle. Ensuite seulement compare ton modèle avec ton dessin et complète s'il manque quelque chose.

2. Pendant que tu as les yeux fermés, le modèle prend une pose particulière (un pied en l'air, un bras dans le dos…) : tu essaies en le touchant de te représenter sa posture. Sans regarder le modèle, tu te retournes face à la pâte à modeler et tu sculptes la posture (ou par le dessin), yeux ouverts, bien entendu !

3. Changement de rôle : le modèle devient l'artiste et tu deviens le modèle !

Variante : après l'avoir examiné par le toucher, l'enfant représente le modèle les yeux fermés, le résultat peut surprendre !

3 à 10 ans

58

Méditer au soleil

Activité : méditation et imagerie mentale

Le fait d'être assis en groupe (avec des copains ou de la famille) en silence va aider les enfants à construire leur créativité consciemment, dans leur tête d'abord, grâce à une visualisation, puis par un dessin ensuite, et un débriefing ! Le processus est décrit, des exemples sont donnés, les enfants eux-mêmes pousseront le développement plus loin, progressivement. Veillez à la progression de la visualisation, faites le lecteur et n'ayez pas peur de vous répéter et d'innover. Pour les 3 à 5 ans, commencez avec une image de bougie, puis de gâteau d'anniversaire, par exemple.

idée +

Commencez la séance avec un spray nasal, type eau de mer, afin de faciliter la respiration.

Matériel

Un endroit calme, des feuilles de dessin et des crayons de couleur. Les enfants sont assis dos droit.

But : construire soi-même, yeux fermés, des images de détente et d'évasion.

1. Imagine un ballon. Imagine que ce ballon ait une couleur. Imagine que ce ballon de couleur s'envole au-dessus de la plage. Imagine que ce ballon de couleur qui s'envole au-dessus de la plage soit emporté par le vent juste au-dessus d'un bateau. Maintenant, prends le temps de sentir le vent… Sent-il le sel de la mer ? L'herbe des dunes ? Les pins ? Ressens comme le soleil te chauffe la peau, repose-toi… Ouvre les yeux, étire-toi.

2. Maintenant dessine la scène que tu viens d'imaginer et de vivre.

3. Chacun échange sur ce qu'il a ressenti. Quelle sera la suite de l'histoire pour la prochaine séance ? Tu peux aussi changer de scénario.

Variante : un lézard qui se repose au soleil sur les rochers, une tortue sous l'eau…

5 à 10 ans

59

La musique, le rythme et les mots

Activité : musicothérapie

Le rythme n'est pas forcément évident pour tous. C'est le rôle du chef d'orchestre de faire jouer chacun au même rythme et tous ensemble. Ce chef va devoir, par sa créativité et son expression, développer chez les musiciens mouvements et coordination tout en prenant appui sur des mots !

idée +

Dans les moments musicaux du quotidien (écoute d'un CD ou de musique à la télé), battez le rythme tous ensemble afin de continuer l'apprentissage.

Matériel

Des instruments de percussion, des CD et un lecteur de CD, du papier, un crayon.

But : diriger l'orchestre familial (ou de copains) et donner le rythme à tous !

1. Commence par « construire » des instruments : deux livres que l'on tape l'un contre l'autre, deux casseroles, deux cuillères en bois, deux couvercles…

2. Puis invente les phrases à utiliser, par exemple : « Qui aime la soupe aux lentilles ? », « Le chasseur est chauve », « Le lapin papote avec la poule », etc. Invente des phrases courtes.

3. Commence en tapant dans tes mains et en comptant : « 1, 2, 3, 4 », « 1, 2, 3, 4 », … Sur un rythme lent d'abord, puis tu accélères, tu reviens au premier rythme et tu demandes à chacun de placer sur le rythme lent la phrase que tu auras choisie, par exemple : « Qui aime la soupe aux lentilles ? » Il faut que chacun soit dans le rythme. Fais-leur prononcer ensuite les autres phrases.

4. Tape dans les mains en disant : « 1, 2, 3 », « 1, 2, 3 ». Prononce plus fort volontairement le 1. Accélère. Reviens au rythme lent et demande de nouveau à ton orchestre de placer les phrases exactement sur le rythme (ou crées-en d'autres !).

5. Mets une musique sur le lecteur de CD, cherche le rythme et fais-le reprendre par ton orchestre. Bravo, un nouveau chef d'orchestre est nommé !

Variante : le chef d'orchestre exécute des rythmes lents afin de bien décomposer les mouvements.

3 à 10 ans

60

Les fils de la marionnette

Activité : expression corporelle

Diriger un proche en commandant son déplacement de la jambe jusqu'aux mouvements des doigts, oblige à lier concentration et créativité. Si ce proche doit aussi être le reflet fidèle du comportement du chat ou de l'ours, cela va rendre le périple encore plus drôle ! Pour les 3 à 5 ans, commencez ensemble.

idée +

Proposez des étirements les bras ouverts puis fermés, et du piétinement sur place pour chauffer le corps avant le jeu.

Matériel

Un espace libre de mouvements.

But : comme un marionnettiste, diriger un par un les mouvements de quelqu'un d'autre.

1. La marionnette est un ours qui doit passer au-dessus de coussins, à droite d'une chaise, donc construis un joli parcours.

2. L'ours n'obéit qu'à toi ! Pour le faire avancer, demande-lui de lever le pied, de l'avancer, de préparer l'autre pied, etc. Chaque mouvement doit être détaillé.

3. L'ours a aussi des expressions ! Demande-lui de sourire, de se lécher les babines après avoir mangé du miel, d'être un gros grincheux ou tout timide, il peut aussi dormir sur place…

4. Les rôles s'inversent, l'ours devient marionnettiste et tu deviens… un chat !

Variante : le kangourou boxeur et le lémurien sont très drôles à mettre en scène !

3 à 10 ans

61

Le jeu des bravos

Activité : coloriage et création de cartes points

Les enfants marchent beaucoup à l'encouragement et les parents sont les premiers dont ils attendent un retour. Créer un jeu des bravos va les inciter à mettre une importance quotidienne à ce que certains actes deviennent habituels. Laissez leur créativité s'exprimer dans le choix des personnages mais restez maître des décisions afin d'éviter les abus, et c'est vous qui acceptez de jouer ou non !

idée +

Vous pouvez rajouter des cartes « petits cadeaux symboliques » pour agrémenter le côté câlin.

Matériel

Des magazines, une règle, des ciseaux, de la colle, des feuilles blanches cartonnées, des crayons.

But : créer un jeu de cartes des bravos pour tirer une carte dès qu'on le mérite.

1. Sur une feuille cartonnée, trace un trait à la règle (fais-toi aider) pour la diviser en deux et encore un trait dans la moitié de la partie droite de la feuille que tu viens de créer, fais de même partie gauche de la feuille. Puis à la verticale, plusieurs traits équidistants les uns des autres. Découpe chaque case.

2. Trouve dans des magazines (ou dessine) des petites images représentant ce que tu aimerais vivre avec tes parents. Ce peut être symbolique, par exemple : un gâteau veut dire recevoir une pâtisserie, un bébé symbolise un gros câlin, un vélo signifie une balade avec papa, une télévision indique un moment devant un DVD, etc. Derrière la carte, écris l'un de ces mots au choix : bravo, super, génial, trop fort, youpi, le plus fort.

3. Quand tu es conscient que tu as réussi quelque chose de bien, prends le jeu et demande à tes parents de tirer une carte les yeux fermés.

Variante : les parents participent en rajoutant eux-mêmes des idées d'échange !

3 à 10 ans

62

Je donne du ciel bleu

Activité : création d'activités altruistes

Partager, se dévouer sans attendre forcément de retour, développe le sens de l'altruisme et de la générosité. L'idée de comportement solidaire naît aussi de tout cela ! Voici quelques pistes d'actes créatifs, un exemple de chemin pour laisser la créativité se mettre au service de la communauté.

idée +

Organisez des rencontres d'enfants solidaires pour qu'ils décident et agissent ensemble !

Matériel

Un cahier pour noter les actions à mener.

But : organiser des activités dont on sait qu'elles sont utiles pour les gens autour de soi, proches ou non.

1. Commence auprès d'un proche. Tu lui expliques que tu vas réaliser trois de ses vœux (s'ils sont réalisables, bien sûr !) ou trois actions désintéressées qui lui seront favorables. Ce proche s'engage alors auprès de toi à trouver une autre personne pour offrir à son tour trois actions. Et la pyramide continue ainsi…

2. En groupe, décidez d'actions simples à réaliser pour le bien-être d'autrui, par exemple : aider un voisin âgé à entretenir son jardin, construire une boîte à cadeaux avec des bonbons pour une voisine toujours toute seule, s'occuper d'un animal de compagnie que son maître ne sort pas assez, porter les courses d'une personne qui a mal au dos, préparer pour Noël des cadeaux simples pour les personnes isolées, etc.

3. Crée sur un réseau social (sous la surveillance des parents) un blog où tes amis et toi partagerez vos idées et parlerez de la manière dont vous agissez afin d'inciter les gens à se lancer aussi dans le don de soi !

Variante : les parents font de même, car c'est par l'exemple que les enfants apprennent le mieux et entreprennent !

3 à 10 ans

63

Le sablier du temps

Activité : création d'activités altruistes

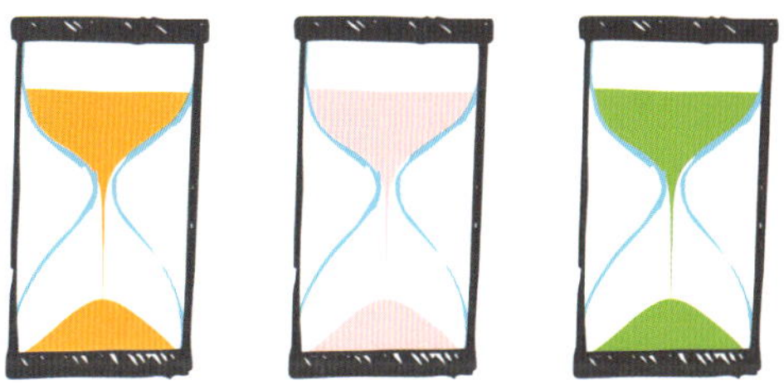

Construire un sablier coloré allie créativité et compréhension des notions de temps. Donc l'idée de mesure sera ensuite employée pour rentrer dans la réalité d'un événement : 10 minutes pour ranger, 30 minutes pour les jeux vidéo, etc. Le quotidien devient ainsi un élément concret. Aidez-les à construire et surveillez !

idée +

Mettez en évidence ces sabliers, dans un endroit de passage par exemple, pour que chacun puisse s'en servir !

Matériel

8 petites bouteilles en verre vides avec bouchons en plastique (type soda orange), du sable fin de couleur (magasin de loisirs créatifs), colle super glue (à utiliser sous surveillance).

But : créer des sabliers du temps et les utiliser pour les activités quotidiennes.

1. Colle les bouchons par deux (sur les parties plates). Pour bien les fixer, coince-les entre des livres et laisse-les un moment pour que la colle prenne.

2. Lorsque les bouchons sont inséparables, demande à un adulte de les percer en leur centre. Essaie alors de faire passer du sable par le trou, il doit couler naturellement. Le principe est simple : plus le trou est large et plus le temps d'écoulement sera court, plus le trou est étroit et plus le temps d'écoulement sera long !

3. Remplis de sable une première bouteille. Visse le bouchon collé dessus, puis visse la bouteille vide dessus. Ensuite, prends un chronomètre, retourne la bouteille pleine et vois en combien de temps elle se vide. Si tu veux un temps plus court, enlève une partie du sable. Règle ainsi les quatre sabliers pour avoir des modèles qui durent entre 1 et 5 minutes et entre 7 et 10 minutes.

4. Amuse-toi à voir combien de temps tu passes à faire les choses du quotidien : t'habiller, prendre une douche, faire cuire des pâtes ou un œuf, regarder la télé, jouer aux jeux vidéo, parler à un ami au téléphone, etc.

Variante : mesurer le temps que passent les parents dans leurs activités, instructif !

3 à 10 ans

64

La ferme s'amuse

Activité : coloriage

Créativité et découverte sont ici liées : laissez votre enfant exprimer sa fantaisie dans le choix des couleurs !

idée +

Regardez ensuite sur Internet de véritables fermes d'éleveurs en pleine activité.

Matériel

Des crayons de couleur.

But : lâcher prise en utilisant des couleurs inattendues pour les animaux de la ferme.

Invente et amuse-toi à colorier des animaux avec des couleurs joyeuses ou étranges !

Variante : créer un poster à partir de découpages et de collages d'animaux trouvés dans des magazines.

3 à 10 ans

65

La déco qui se mange

Activité : création de décoration alimentaire

Les feuilles de riz sont des denrées alimentaires mais aussi des possibilités de décoration très attrayantes. Motivez les enfants par la déco de leur chambre ! Pour les 3 à 5 ans, construisez avec eux.

idée +

Utilisez l'éclairage naturel pour mettre en valeur les créations (à éloigner des lampes !).

Matériel

Des feuilles de riz rondes, de l'encre de Chine, des ciseaux (ou un cutter sous surveillance), du fil de pêche, des pinceaux, de l'eau, une feuille de dessin épaisse.

But : faire une déco originale et transparente.

1. Découpe des petites étoiles dans une feuille de riz. Passe un trait d'eau dessus, laisse sécher, elles vont se gondoler. Remouille-les juste sur une pointe et applique-les sur une feuille de riz sèche, elles vont coller dessus. Perce le haut de la feuille de riz sèche avec une aiguille, passe un fil de pêche et accroche l'ensemble près de la fenêtre de ta chambre : la lumière va jouer avec les transparences et les reliefs des décorations !

2. Tu peux aussi découper un cœur au centre d'une feuille et accrocher cette feuille découpée, utiliser le cœur pour le coller sur une autre feuille, faire un profil de personnage pour le découper ensuite dans la feuille de riz et le coller ailleurs, etc. Tout est possible !

3. Pour aller plus loin dans la création : pose une feuille de dessin sur le bureau, un rond de feuille de riz dessus. Avec l'encre de Chine et une plume à encre, dessine un personnage ou un paysage (à l'aide d'un pochoir). Attends que l'encre ait bien traversé et imprégné la feuille de dessin. Doucement, enlève ta feuille de riz et accroche cette déco colorée ou fixe-la dans un cadre.

Variante : des mobiles en feuilles de riz aux formes gondolées et colorées !

3 à 10 ans

66

Le bâton de parole

Activité : bricolage et décoration

Le bâton de parole est un instrument amérindien symbolique. Il impose à tous, au cours d'une conversation, que celui qui le tient doit être écouté tant qu'il le désire. Une fois terminé, le bâton change de main, la parole reprend avec la même écoute. Cet instrument est idéal pour l'échange dans une famille ; le fabriquer est une activité créative qui profitera à tous.

idée +

Mettez le bâton bien en évidence dans la maison afin que chacun puisse l'utiliser quand il le souhaite.

Matériel

Un bâton en bois lisse de 50 cm afin de pouvoir le décorer, de la colle et du vernis à bois, des pierres de décoration et des plumes synthétiques (magasins de loisirs créatifs), de la peinture à l'eau, du fil de pêche.

But : créer un bâton de parole pour installer une écoute respectueuse au sein d'un groupe.

1. Va en forêt, marche en répétant dans ta tête que tu demandes à tes ancêtres de mettre sur ta route un bâton de parole que tu pourras décorer. Une fois que tu l'as trouvé, rapporte-le chez toi et vernis-le avec un adulte. Laisse sécher.

2. Pour que ton bâton soit respecté, décore-le avec des petites pierres de couleur, attache des plumes au fil de pêche que tu enroules autour du bâton. Si tu veux, personnalise ton bâton avec d'autres collages (papiers, tissus, etc.).

3. Peins dessus les initiales des membres de ta famille, seules les personnes dont les initiales figureront sur le bâton pourront l'utiliser !

Variante : le bâton de sommeil : même principe, déco personnalisée douce…

3 à 10 ans

67

Le merveilleux pouvoir des eaux florales

Activité : création d'une eau de beauté

Pour les enfants, apprendre à utiliser les ressources de la nature pour leur bien-être leur apporte une touche de créativité poétique et pratique. C'est une connaissance simple à transmettre et qui les reliera directement à leur envie d'utiliser et de créer avec ce qui les entoure. Accompagnez vos enfants afin de faire de ces moments des instants de complicité familiale basés sur le respect que l'on doit porter à l'entretien de son corps.

idée +

Sans produits chimiques, cette eau pour le corps convient très bien aux bébés.

Matériel

De l'eau, une bassine, un flacon en verre, des pétales de fleurs de : • soit camomille et oranger : pour les peaux sèches et irritées. Dans un verre d'eau, 1 cuillère à café facilite l'endormissement • soit rose : raffermissante et hydratante • soit menthe : purifiante, pour les peaux fatiguées et sans teint.

But : créer son eau florale afin de déposer sur sa peau un voile soyeux qui sent bon.

1. Fais bouillir 25 cl d'eau. Infuse une poignée de pétales pendant 30 minutes, feu éteint.

2. Passe le tout dans un chinois pour enlever les pétales.

3. Rajoute deux gouttes de lait et une cuillère à café de miel liquide.

4. Verse ta préparation dans un flacon en verre que tu fermes bien et que tu places au réfrigérateur. Tu as un mois pour l'utiliser !

Variante : une idée de cadeau originale et personnalisée pour tous (fêtes des pères et des mères) !

3 à 10 ans

68

Le pot fleuri qui relaxe

Activité : bricolage et relaxation

Le pot-pourri offre aux enfants l'occasion de créer des senteurs parfumées innovantes, de comprendre comment embaumer une pièce tout en profitant des bienfaits de la nature !

Matériel

Des pétales de fleurs et des écorces de fruits, une petite boîte en carton.

But : créer des senteurs douces, sucrées, afin d'embaumer son habitation et la rendre plus agréable.

1. Pour commencer, décore ta boîte en carton avec des collages et/ou des motifs faits à la peinture à l'eau.

2. Cueille des fleurs déjà odorantes selon la saison : lilas, lavande, rose (avec bouton), jasmin, chèvrefeuille, géranium, pivoine, fleurs de trèfle… Fais-les sécher dans un endroit sombre et frais, bien ventilé.

3. Cueille des plantes aromatiques : thym, romarin, basilic, estragon, menthe… Laisse-les sécher quelques jours.

4. Garde les épluchures de citron, orange, pamplemousse, fais-les sécher aussi. Pour la déco, tu peux prendre des petites pommes de pin, des morceaux d'écorce de bois, des brindilles, de la mousse…

5. Le principe est de commencer ton pot-pourri dans l'ordre indiqué ci-dessus (selon les possibilités de saison) et de sentir à chaque fois.

idée +

À positionner idéalement dans les endroits « sensibles » tels que la cuisine ou les toilettes.

Variante : rajouter des bâtons de cannelle, une gousse de vanille, choisir une goutte d'huile essentielle douce.

5 à 10 ans

69

Mes vies antérieures

Activité : création de contes

Enfant on voudrait être qui on veut quand on veut ! Voici l'occasion de se rappeler ses vies passées en utilisant des indices tirés au sort : les enfants vont devoir faire preuve de beaucoup de créativité pour construire une histoire ! Heureusement, chacun apportera son aide et ses idées, et vous aussi !

idée +

Ajoutez une touche mystérieuse en allumant des bougies colorées, par exemple.

Matériel

Des sacs en plastique, du papier, des crayons.

But : se rappeler qui on était dans son ancienne vie et raconter.

1. Sur des petits papiers que tu mettras dans un premier sac, écris plusieurs noms d'époques historiques : Moyen Âge, Vikings, Égypte ancienne, Préhistoire, Amérindiens, Gaulois, etc. Dans un deuxième sac, des profils de personnages : guerrier, artisan, comédien, médecin, seigneur, voleur, etc. Dans un troisième sac, des objectifs à atteindre : construire un temple, écrire des pièces de théâtre, conquérir un pays, faire des bijoux, voler une banque, soigner les pauvres, etc. Dans un quatrième sac, des qualités : courageux, généreux, aimant, altruiste, intelligent, gentil, etc. Dans un cinquième sac, des défauts : menteur, dépensier, peureux, grincheux, hypocrite, égoïste… Dans un sixième sac, des alliés : un frère, un seigneur, un homme de loi, une femme puissante… Et dans un dernier sac, des ennemis : un membre de la famille, un professeur, un seigneur, un voisin…

2. Tire un papier dans chaque sac et raconte : « Au Moyen Âge, j'étais un artisan, je devais construire un temple, je suis intelligent mais peureux, mon allié est un seigneur et mais mon ennemi est mon propre frère. » La participation des autres joueurs va enrichir ton récit !

Variante : avec les copains, ajouter des éléments dans chaque groupe de mots et piocher deux alliés, deux ennemis… pour compliquer !

3 à 10 ans

70

Les personnages naturels

Activité : création de personnages en feuilles naturelles

La nature est un endroit qui propose des éléments très simples pour développer la créativité des enfants. Les collages avec les feuilles des arbres donnent des résultats surprenants. Encouragez votre enfant à varier son choix, n'oubliez pas que le prunus donne des feuilles rouges, et que les pétales de fleurs colorées et les mousses vertes font aussi partie des possibilités créatives !

idée +

Conservez dans un grand cahier consultable, ou mieux, dans une pochette à dessins.

Matériel

Des feuilles, des fleurs, des gommettes, un cahier, de la colle.

But : construire des créations naturelles.

1. Promène-toi dans la nature et essaie de trouver des feuilles entières, non percées, non déchirées, et varie de forme : chêne, saule pleureur, prunus, buis, charme, aulne, tilleul, catalpa…

2. Fais sécher ta récolte entre deux feuilles de papier avec un poids dessus (livre) pendant plusieurs jours.

3. Commence à créer des personnages, par exemple un poisson : choisis une feuille ovale, positionne-la à l'horizontale, colle dessus deux petites feuilles pour faire la nageoire arrière, et une autre petite au-dessus du corps. Place une gommette pour faire son œil ! Fabrique le fond de l'eau avec un amas de petites feuilles au bord du bas du dessin.

4. Continue avec un ours. Colle à l'horizontale une feuille large d'un côté (avec une queue), fine et pointue à l'opposé (ce sera le corps). Le même principe pour la tête mais avec une petite feuille (sans queue). Fais une houppette avec des brindilles, les yeux avec des gommettes (dessine un point noir au centre), la bouche et les oreilles avec un pétale, et finis ton œuvre en collant de la mousse au sol (au bas de ton dessin) !

Variante : fabriquer un châssis en bois comme support afin de créer des tableaux naturels pour la déco !

3 à 10 ans

71

La vie sous-marine

Activité : coloriage

Le monde sous-marin représente un monde sans bruit, donc apaisant. Ce coloriage propose à votre enfant d'y créer un ensemble gai et coloré, tel qu'il aimerait s'y promener !

idée +

Passez une musique douce avec les sons de la mer calme...

Matériel

Des crayons de couleur.

But : colorier des poissons avec des couleurs joyeuses.

Construis et imagine un monde sous-marin où il n'y aurait que des couleurs issues du bleu, du jaune, du orange, du rouge et du vert !

Variante : ajouter de nouveaux poissons.

3 à 10 ans

72

La nature raconte

Activité : art-thérapie et conte

La nature est une fabuleuse source d'inspiration pour laisser parler la créativité, on lui associe facilement des personnages mystérieux ou fantastiques tels que ceux mis en valeur dans les contes (sorciers, fées, lutins des bois, dragons, géants, etc.). Suivez le guide et laissez votre enfant exprimer sa version des aventures ! Accompagnez dans ce sens les 3 à 5 ans.

idée +

Reproduisez cette activité à chaque saison, car les héros changent avec !

Matériel

Un calepin, un crayon, une bouteille, de l'eau.

But : découvrir dans la nature tous les personnages préférés de votre enfant et lui faire raconter une histoire.

Canevas : un personnage humble devient un héros en libérant une princesse ensorcelée par un sorcier dragon !

1. Va dans la nature à la recherche de ton héros : sera-t-il une pierre de couleur ? Un morceau de bois ?

2. Le sorcier dragon sera-t-il en forme de lierre, de ronce ?

3. La princesse est-elle une belle fleur, un bout d'écorce colorée ?

4. Les adversaires, des blocs de terre ? Des plumes d'oiseaux magiques ?

5. Une fois que tu as tes personnages, raconte ton histoire en suivant le chemin décrit plus haut.

Variante : utiliser de l'eau pour une rivière magique, des noisettes ou des baies pour créer des fées enchantées…

3 à 10 ans

73

L'allée des vieux guerriers

Activité : coloriage et conte

Les monuments anciens sont toujours source d'histoires étranges. Votre enfant va créer la sienne à partir des pierres levées de Stonehenge (Salisbury, Angleterre).

idée +

Allez glaner des informations sur ce fabuleux site pour éclairer l'histoire du lieu.

Matériel

Des crayons de couleur, une feuille de papier.

But : prendre conscience que l'on peut utiliser tous les éléments de la nature ainsi que de très anciens monuments construits par l'homme pour inventer une histoire.

Colorie différemment chaque pierre levée et imagine que ce sont des guerriers qui reprennent vie la nuit ; raconte leur histoire sur un papier à part.

Variante : dessiner des visages sur les pierres pour donner plus de vie aux personnages.

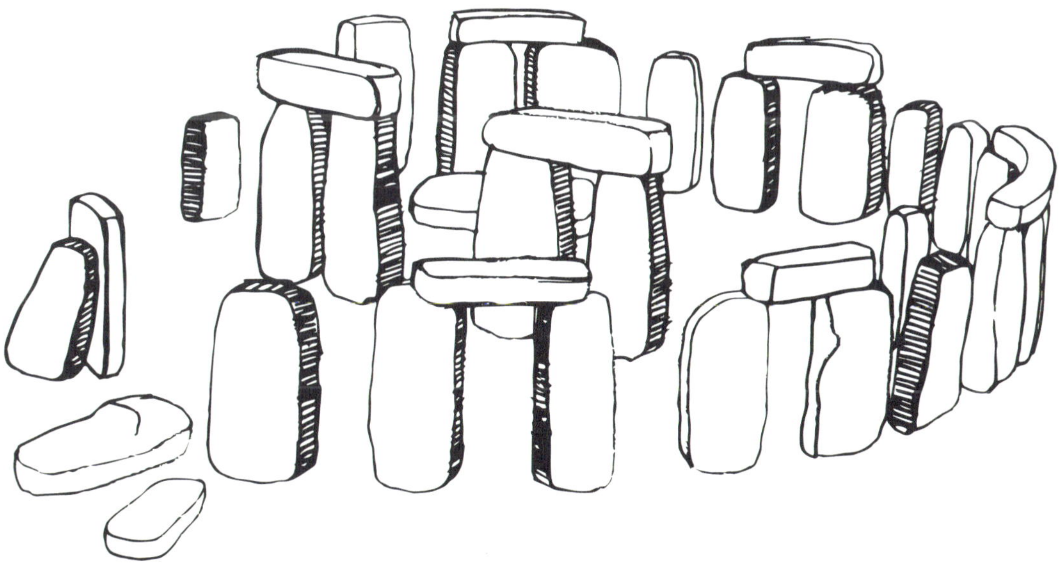

3 à 10 ans

La maison près du ciel

Activité : coloriage

Le site de Machu Picchu (au Pérou à 2430 mètres) est situé entre ciel et terre. C'est une ville très ancienne. Votre enfant va pouvoir imaginer la vie de ses habitants...

Matériel

Des crayons de couleur, une connexion internet.

But : colorier librement cette ville et parler de ses habitants (de l'époque).

Fais de ce lieu abandonné un lieu plein de vie et de couleurs !

Variante : scanner et faire une représentation de Machu Picchu la nuit...

idée +

Une visite sur Internet afin d'y glaner les idées des habitants de l'époque.

5 à 10 ans

75

Le cycliste multicolore

Activité : coloriage

L'expression par la couleur aide votre enfant à exprimer une harmonie, à créer une ambiance, une atmosphère. Ici, vous ferez un scan de ce dessin afin de pouvoir proposer plus tard une version plus ombragée. La créativité, c'est de savoir construire l'harmonie aussi bien dans le beau que dans le plus sombre.

idée +

Petit automassage des poumons et de la gorge pour bien se détendre auparavant.

Matériel

Des crayons de couleur, une gomme.

But : utiliser les couleurs pour donner un ensemble joyeux, puis avec le scan de ce dessin utiliser les couleurs sombres tout en cherchant aussi une harmonie !

Utilise uniquement des couleurs vives pour le premier dessin, puis des couleurs sombres dans une deuxième version.

Variante : rajouter un ciel tourmenté (orage, pluie, foudre) sur les deux versions et jouer sur les contrastes.

3 à 10 ans

76

La famille à la plage

Activité : coloriage et conte

Chaque enfant aime mettre en scène la manière dont il vit son quotidien. Et la place qu'il réserve aux parents et aux frères et sœurs est souvent inattendue. Ce dessin est donc une possibilité d'exprimer sa propre vision de sa vie familiale, de montrer la place de chacun et son importance dans la scène illustrée.

Matériel

Des crayons de couleur, une gomme.

But : dessiner sa famille sur une plage en positionnant précisément chacun des membres et en racontant ce qui s'y passe.

Dessine papa, maman, les amis où tu le désires sur ce dessin de plage, selon l'histoire que tu veux raconter.

Variante : découper les personnes sur des photos de famille et les coller sur ce dessin.

idée +

Diffusez quelques instants de l'huile essentielle de pin qui évoquera les bords de mer, c'est très bon pour les voies respiratoires !

3 à 10 ans

77

La course des aimants

Activité : construction d'un parcours de jeu réservé aux aimants

Les aimants ont toujours fasciné les enfants et la force magnétique étant de plus en plus utilisée (dans les transports, l'énergie éolienne…), il est intéressant qu'ils se familiarisent avec ce sujet. Dans cette activité, ils vont eux-mêmes créer un parcours de course aux aimants mais aussi réaliser des expériences simples et amusantes.

idée +

Expliquez que dans la vie il y a aussi des rencontres de gens qui s'attirent ou se repoussent, comme les aimants, et qu'il faut parfois attendre que les pôles changent !

Matériel

Plusieurs paires d'aimants ronds, du carton fin, des feutres, de la limaille de fer.

But : utiliser des aimants pour faire des courses ou des expériences inédites !

1. Dessine sur un carton fin un simple parcours laissant la place à deux aimants d'avancer côte à côte. Ensuite, teste tes aimants : tu peux voir que quand un aimant marqué + et un autre marqué – se côtoient, ils restent collés. Alors place l'aimant + au-dessus de la feuille et l'aimant – en dessous. Chaque participant a 10 secondes pour faire avancer son aimant vers la ligne d'arrivée !

2. Un aimant attire tout ce qui est en fer. Promène-toi dans ta maison et découvre où il y en a en le laissant se coller lentement : frigidaire, trombone, téléviseur, etc.

3. Amuse-toi à faire se repousser les aimants entre eux. Sur un plateau, étale de la limaille de fer. Pose ton aimant à proximité, tu vas voir la limaille bouger doucement et venir se coller à lui. Essaie ensuite de rapprocher le côté + d'un aimant du côté – d'un autre aimant !

Variante : poser un verre d'eau sur un aimant, cela va accroître ses qualités !

3 à 10 ans

78

Les éoliennes en fête

Activité : coloriage et création

Les jeunes générations vont de plus en plus être entourées de nouvelles techniques telles que les éoliennes. Laissez vos enfants mettre en valeur selon leur créativité ces machines à vent qu'ils voient de plus en plus s'installer dans leur paysage.

idée +

Faites-leur découvrir sur Internet ou en réel le fonctionnement de ces moulins à vent géants !

Matériel

Des crayons de couleur.

But : transformer un objet réel en objet imaginaire par le coloriage.

Colorie chaque éolienne. Que voudrais-tu leur ajouter pour les transformer ? Imagine-les comme dans tes rêves (avec des ailes ? Des bottes ? Des visages ? Tout est possible !). Dessine-les comme tu aimerais les voir autour de toi !

Variante : ajouter des personnages autour des éoliennes, ou des animaux !

3 à 10 ans

79

La terre arc-en-ciel

Activité : coloriage et création

Demander aux enfants de mettre en couleurs la planète où ils vivent est une manière de les inciter à s'investir en positivant ce qui les entoure. Pour cela, laissez-les libres de choisir leurs couleurs et de représenter des personnages à volonté !

idée +

Parlez avec votre enfant de ce qu'il aimerait faire sur cette terre plus tard.

Matériel

Des crayons de couleur, des ciseaux, de la colle.

But : positiver, par le coloriage et la réflexion, la Terre où vit chaque enfant !

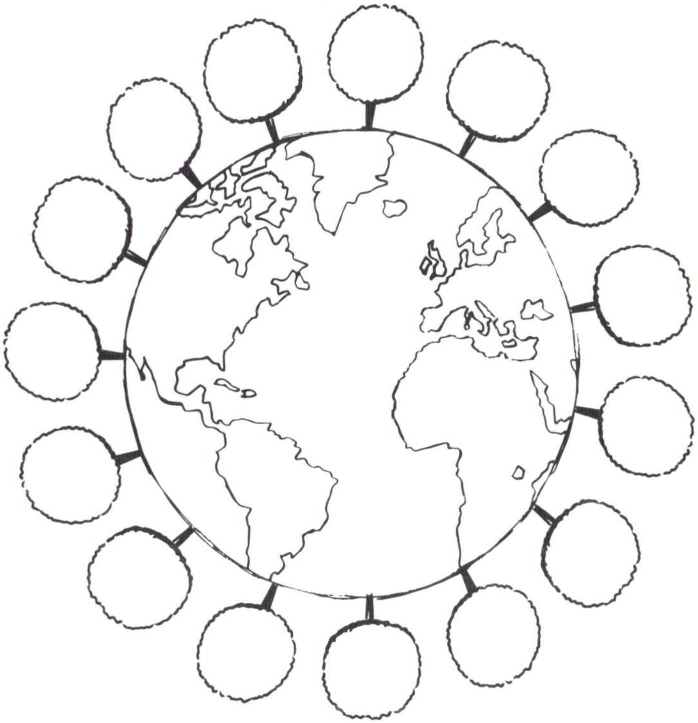

Colorie la Terre, ses arbres, et rajoute des personnages dessinés ou découpés et collés.

Variante : s'amuser d'abord à dessiner des pointillés, puis des petits cercles et les remplir ensuite !

3 à 10 ans

80

La branche fleurie

Activité : art-thérapie et peinture

Les enfants adorent les vacances d'été pour le soleil, la mer… et les vacances d'hiver pour la neige, et Noël ! Grâce à leur créativité, cette suite de dessins à réaliser leur fera comprendre d'une manière très simple que chaque saison a son utilité et sa fonction. Accompagnez les 3 à 5 ans.

idée +

Accompagnez ces dessins avec un collage saisonnier, une feuille, une branche, une fleur séchée…

Matériel

Des feuilles de dessin, du papier calque, un crayon de papier, des peintures à l'eau.

But : créer une progression de paysage qui va changer à chaque saison !

1. Sur une première feuille, dessine une simple branche de cerisier en hiver. Fais un calque de ce dessin. Puis peins la branche sur la feuille de dessin avec des nuances de gris et de noir. Pose quelques mots à côté.

2. Reporte ton calque sur une deuxième feuille de dessin. Peins cette fois le printemps, avec des bourgeons et des fleurs sur ta branche de cerisier. Pose quelques mots.

3. Reporte ton calque sur la troisième feuille et peins la branche en été, avec des cerises, des feuilles vertes autour. Pose quelques mots.

4. Reporte ton calque sur la quatrième feuille, peins les feuilles d'automne jaunes et marron qui tombent de la branche, s'envolent avec le vent… Pose quelques mots.

Variante : dessiner une branche de pommier ou d'arbre exotique, comme la grenadille (fruits de la passion) ou le grenadier (grenades) !

3 à 10 ans

81

Mon joli visage

Activité : art-thérapie, dessin, collage

L'autoportrait n'est jamais évident pour un enfant, cela lui demande une créativité et une observation de lui-même, il doit se détailler… Heureusement, il peut découper, coller, faire un montage « contemporain », cela va faciliter les choses ! Aidez les plus jeunes (3 à 5 ans) en notant avec eux les expressions générales : sourire, yeux ouverts sur la vie, oreilles comme ci, nez comme ça… ce doit être ludique, amusez-vous ! N'hésitez pas à diviser cette activité en plusieurs séances.

idée +

Imprimez un portrait agrandi, ou utilisez un miroir.

Matériel

Des feuilles de dessin, des crayons, des ciseaux, de la colle.

But : dessiner son propre visage et y créer des expressions.

1. Commence par tracer la forme d'un visage au milieu de la feuille. Regarde ta bouche (sur une photo ou dans un miroir), comment est-elle ? Dessine-la simplement avec deux traits.

2. Continue avec ton nez, observe-le, est-il petit ? Long ? Retroussé ? Représente-le avec un seul trait si possible. Fais de même avec tes yeux, détaille tes paupières, décris tes cils… Ensuite les oreilles, toujours avec très peu de traits. Démarque un peu tes joues sur le dessin, sont-elles rondes, en avant, creusées ? Termine par les cheveux en crayonnant très simplement.

3. Maintenant, termine en tentant quelques couleurs, ou en ajoutant des collages de couleur. Tu peux choisir de ne colorer que quelques détails, seulement les yeux ou le nez, par exemple.

Variante : un autoportrait saisonnier, ou dès que l'enfant n'arrive pas à parler, qu'il puisse s'exprimer par le dessin.

3 à 10 ans

82

Un sympathique bol à bonbons

Activité : création en papier mâché

Le papier mâché fascine toujours les enfants, car ils peuvent créer un objet à partir d'une matière très simple à travailler. Ici, ce sera un bol à bonbons, vous pourrez compliquer les réalisations par la suite ! Accompagnez les 3 à 5 ans tout au long de l'activité.

idée +

Personnalisez chaque création avec la signature ou le prénom de l'enfant.

Matériel

Des bandes de papier journal (que tu choisis avec motifs ou non), de la colle à papier peint en poudre, un petit bol sans anse, un pinceau large, des peintures acryliques, un seau, une règle, de l'huile alimentaire.

But : créer de toute pièce un ravissant bol à bonbons à partir de papier journal.

1. Mélange une mesure de colle à papier peint en poudre pour dix mesures d'eau dans le seau. Passe un minimum d'huile sur l'extérieur du bol puis essuie un peu. Découpe avec ta règle des bandes de magazines colorées de 5 cm de large, elles doivent recouvrir l'extérieur et un peu plus que le bord du bol, donc prévoie-les suffisamment longues.

2. Positionne ton bol à l'envers, à plat. Pose une première bande au centre du bol. Recouvre-la de colle à l'aide du pinceau. Pose une deuxième bande perpendiculaire à la première, recouvre-la aussi de colle et essuie le trop plein avec le chiffon. Continue ce système en croix partout sur le bol. Tu dois le recouvrir et avoir une épaisseur de papier de 3 à 5 mm. Laisse sécher 48 heures.

3. Démoule doucement le bol en papier. Si les bords ne sont pas nets, recolle juste des petites bandes sur les bords et laisse bien sécher. Tu peux peindre ensuite à l'acrylique si tu le désires. Ton pot est prêt à être rempli de bonbons !

Variante : un pot à crayons, une boîte de rangement, un masque de carnaval…

3 à 10 ans

83

La famille s'exprime

Activité : art-thérapie, collage, découpage familial

La créativité en famille, ça existe ! Pour commencer, il faut choisir un dénominateur commun. Ici : les vacances ! Ensuite, chacun y va de sa personnalisation selon son vécu. Accompagnez les 3 à 5 ans.

idée +

Pensez à cette activité en hiver, c'est parfait pour une journée cocooning !

Matériel

Des feuilles de dessin, des ciseaux, de la colle, des magazines, des photos, du scotch, des peintures...

But : toute la famille exprime sa créativité et personnalise la représentation des vacances.

1. Scotche ensemble quatre feuilles de dessin pour faire un grand carré. Retourne-le ensuite. Dessine assez simplement une scène générale symbolisant les vacances, par exemple une plage, la mer, le ciel bleu et le soleil !

2. Chacun choisit la partie du dessin qu'il a envie de mettre en scène. Pour l'un ce sera l'instant de repos sur la plage, pour l'autre le château de sable, pour un troisième la baignade, etc.

3. De nouveau scotche quatre feuilles mais à la suite des quatre premières, pour faire un grand rectangle. Retourne-les. Cette fois, chacun dessine une scène particulière des vacances : un jour de pêche aux coquillages, le goûter avec les copains rencontrés sur la plage, la soirée au restaurant avec une énorme glace au dessert, le moment où on a fait du pédalo tous ensemble, etc.

4. Finis par une séance de débriefing : chacun raconte et exprime ce qu'il a ressenti durant ces tranches de vie, c'est un moment de partage, sans jugement ! Gardez ces collages, ce sont de précieux souvenirs !

Variante : le sport, un événement difficile vécu ensemble...

3 à 10 ans

84

Le bon air de la montagne

Activité : coloriage, découpage, collage

La montagne représente un paysage figé, imposant pour les enfants. À eux de donner de la vie et de la légèreté en animant ce paysage.

Matériel

Des crayons de couleur, des ciseaux, de la colle.

But : avec des éléments nouveaux, rajouter de la vie dans le paysage de la montagne.

Colorie la montagne, puis rajoute en collage des éléments trouvés dans des magazines : téléphérique, skieur, marmotte, chamois, ruisseau, sapin…

Variante : représenter la montagne la nuit, avec les étoiles, la blancheur de la neige, de la lune, les silhouettes sombres des sapins…

idée +

Demandez à votre enfant un massage régulier de son front et de ses tempes afin de faciliter sa concentration et son lâcher-prise.

3 à 10 ans

85

Les tableaux de sable

Activité : créativité et décoration

Le sable peut être magique. Les enfants le connaissent par la plage mais il en existe de différentes couleurs que vous trouverez en magasins de loisirs créatifs et même de bricolage. Utilisez de petites quantités. Cela demande beaucoup de concentration car une fois sur la toile, le sable adhère de suite, donc il faut bien réfléchir à son motif avant de se lancer ! Accompagnez les enfants dans cette activité très créative afin de bien utiliser le sable de couleur.

idée +

Suggérez des idées qui, en tableaux, accompagneraient bien la déco de votre intérieur.

Matériel

Des petites dalles auto-adhésives, des sables de couleur, des petites feuilles de papier, des feuilles de dessin, un crayon noir.

But : réaliser de somptueux tableaux avec des sables de couleur.

1. Enlève le voile adhésif sur une face, positionne ta dalle sur ta feuille de dessin et plaque-la pour qu'elle adhère. Enlève le deuxième voile et dessine dessus ton motif.

2. Avec une demi-feuille, fais un petit cône (en enroulant la feuille sur elle-même comme pour faire un cône de glace). Verse un peu de sable dedans et doucement, avec la pointe du cône, laisse glisser le sable sur la partie à colorer sur ta dalle. Le sable va adhérer tout de suite, donc sois précis !

3. Si tu veux rajouter une petite partie colorée sur une autre couleur, pose de la colle déco et laisse glisser ton autre couleur sur cette colle, souffle pour faire partir le surplus. N'oublie pas que tu peux aussi coller des paillettes, des mini perles, inventer des couleurs en les mélangeant d'abord sur un tamis fin...

Variante : réaliser un mandala et le coller sur sa porte de chambre !

3 à 10 ans

86

Les desserts des enfants gourmands

Activité : cuisine

En invitant les enfants à créer leurs propres desserts, vous les éveillez au goût, à la diversité des aliments mais aussi développez chez eux l'envie d'être créatifs, de ne pas tomber dans la monotonie alimentaire qu'ils affectionnent bien souvent ! Voici plusieurs bases très simples, laissez-les ensuite faire évoluer leurs envies. Accompagnez les 3 à 5 ans, c'est plus sûr !

idée +

C'est l'occasion d'encourager vos enfants à créer des desserts pour les anniversaires de tous !

Matériel

Matériel recette 1 : verrines (ou petits verres), framboises surgelées, sucre roux, fromage blanc, spéculos.
Matériel recette 2 : céréales aux fruits secs, yaourt à la vanille, fruits rouges (congelés ou frais), verre large.

But : devenir pâtissier en herbe et surprendre par son audace et sa créativité.

1. Recette 1 : verse dans chaque verrine ⅓ de framboises encore surgelées. Une fois décongelées, mélange ½ cuillère à café de sucre roux avec ⅓ du verre de fromage blanc, rajoute par-dessus les framboises. Termine avec quelques morceaux de spéculos éparpillés sur la préparation, c'est prêt !

2. Recette 2 : verse deux cuillères à soupe de céréales dans le verre, puis deux cuillères à soupe de yaourt. Pose des fruits rouges dessus (s'ils sont congelés, attends qu'ils soient décongelés), remets du yaourt au-dessus et encore des fruits rouges. C'est prêt !

Variante : le petit-déjeuner peut très bien être créé sur les mêmes bases : proposer d'autres fruits comme la banane, ou la clémentine, selon saison.

3 à 10 ans

87

Les personnages-poupées de récupération

Activité : confection de personnages-poupées

Utiliser les vieux tissus et faire de la récup' dans les tiroirs de maman (boutons, rubans, laine, cartons…) montre aux enfants qu'avant de jeter et de trop souvent gâcher, un peu d'imagination et de créativité aideront à construire des petits personnages très amusants ! Accompagnez les 3 à 5 ans !

idée +

Apprenez à vos enfants à réfléchir à l'utilisation et à la transformation possibles des nombreux emballages jetés quotidiennement.

Matériel

Des bâtons d'esquimaux, des vieux tissus, de la laine, des rubans, de la colle, des feutres de couleur…

But : avec des matériaux de récupération, fabriquer des personnages (poupées) originaux !

1. Avec tes feutres, peins l'expression d'un visage sur le haut d'un bâton d'esquimau.

2. Avec des bouts de laine, crée la chevelure et colle-la avec un point de colle sur le bâton.

3. Pour les habits, découpe des petits rectangles ou demi-cercles de tissus, enrobe le bâton (partie haute et basse du corps) et colle le centre des habits sur le bâton.

4. Utilise un ruban pour faire une écharpe que tu enroules, coupe le bout d'un gant pour enfiler un pull sur ton bâton… Innove et crée plein de personnages !

Variante : rajouter des pieds en collant des bouts d'allumettes décorées en bas du bâton !

3 à 10 ans

88

Je donne ma part de soleil

Activité : relaxation énergétique

Les enfants ne sont pas toujours conscients du fait que leur attitude agit sur celle des autres. En utilisant la relaxation Jacobson d'une manière créative, ils vont pouvoir construire un lien de bien-être avec ceux qui les entourent ! Pour les 3 à 5 ans ne forcez pas sur la visualisation du soleil.

idée +

Faites cette activité régulièrement avec toute la famille.

Matériel

Un espace calme qui facilite le recueillement, un tapis de sol.

But : construire son soleil intérieur et partager ses rayons avec ses proches.

1. Tu es allongé. Inspire de l'air par le nez en serrant tes poings, souffle par la bouche (ou le nez, comme tu préfères) en les desserrant. Yeux fermés, imagine un premier rayon qui sort de ton cœur.

2. Contracte tes avant-bras et serre encore les points en inspirant, puis souffle en relâchant le tout. Yeux fermés, imagine un deuxième rayon qui sort de ton cœur.

3. Étire tes pointes de pieds vers l'avant en inspirant et souffle en les redressant. Puis contracte tous tes muscles des deux jambes en inspirant et souffle en les relâchant. Imagine un troisième rayon qui sort de ton cœur.

4. Contracte tout ton corps, visage compris, en inspirant et souffle en le relâchant. Imagine un quatrième rayon qui sort de ton cœur.

5. Repose-toi et décide à qui tu veux donner toute l'énergie que tu viens de créer. Ensuite, imagine que tes rayons vont entourer cette personne et lui apporter beaucoup de force, fais cela avec plein d'amour dans ton intention.

Variante : expliquer à l'enfant qu'il peut aussi aller poser ses paumes de main sur le dos de la personne pour lui transmettre sa chaleur douce !

5 à 10 ans

89

L'anniversaire de mariage

Activité : réflexion et création

Le labyrinthe oblige à la réflexion, le type de trait demandé pour tracer le chemin qui fera se rencontrer Papa et Maman assurera détente et déstress, les couleurs choisies un apaisement mental !

idée +

Commencez par un exercice de respiration favorisant le dé-stress : demandez à l'enfant d'inspirer en serrant ses poings et de souffler en les ouvrant, sept fois de suite.

Matériel

Des crayons de couleur.

But : se concentrer et permettre à Papa de rejoindre Maman !

« Papa veut offrir un bouquet de fleurs à Maman. » Trace le bon chemin mais uniquement en pointillés et non pas en un trait continu. Colorie ensuite le reste des chemins en orange, jaune et bleu.

Variante : colorier tout autour du cœur !

3 à 10 ans

90

La découverte des insectes

Activité : découverte et imagination

Aller à la rencontre du monde des insectes impose aux enfants d'être attentifs et respectueux ; ils peuvent ensuite apporter une touche d'imaginaire à leurs observations, car regardées à la loupe ces petites bêtes prennent des allures de personnages inattendus !

idée +

Prenez le temps d'une découverte plus poussée en encourageant l'enfant à consulter les encyclopédies et Internet (selon l'âge).

Matériel

Une petite bouteille en plastique transparent, un couvercle large, des ciseaux, une loupe.

But : faire la collecte des insectes qui habitent près de chez soi pour les observer.

1. Coupe la bouteille en deux, garde la partie avec le bouchon, ton couvercle doit pouvoir couvrir la partie ouverte.

2. Pars à la recherche des insectes faciles à trouver : vers de terre, coccinelles, fourmis, scarabées, gendarmes, sauterelles… Pour le grillon, la méthode est simple : tu dois repérer son trou pour y faire glisser plusieurs fois un brin d'herbe, le grillon ne tardera pas à monter dessus ! Évite les abeilles, et ne t'approche pas des guêpes et des frelons, évidemment !

3. Pour attraper un insecte, positionne la partie ouverte de ta bouteille vers lui et petit à petit fais-le progresser vers l'intérieur. Bouche avec le couvercle dès que tu as une prise !

4. Ramène chaque insecte chez toi et pose-le dans une boîte pour l'observer : prends une loupe et décris ce que tu vois, remarque les couleurs, les sons parfois, le comportement et imagine ce que chacun d'eux pourrait devenir comme personnage dans un film fantastique.

Variante : la découverte des végétaux à la loupe, c'est magique !

3 à 10 ans

91

Le parcours des animaux

Activité : créativité et expression des émotions

Les enfants ont des facilités de mimétisme avec des animaux proches tels que le chien ou le chat. Mais leur demander d'imiter une tortue ou une anguille les oblige à inventer et à chercher des expressions créatives beaucoup plus élaborées !

idée +

Prolongez l'activité par une recherche sur chaque espèce dans les livres.

Matériel

3 boîtes, des feuilles de papier, des crayons, des ciseaux.

But : imiter les comportements des animaux dans leur vie quotidienne.

1. Dans ta première boîte, dépose des papiers sur lesquels tu as écrit des noms d'animaux à imiter : la tortue, l'anguille, le crocodile, la grenouille, le kangourou, le tigre, le tapir, l'ours, etc.

2. Dans ta deuxième boîte, dépose les papiers contenant des expressions : triste, joyeux, fatigué, en colère, endormi…

3. Dans ta troisième boîte, les papiers sur des comportements animaliers : la chasse ou la pêche, la toilette, l'éducation des petits, le jeu…

4. Tire un papier dans chaque boîte et commence ton imitation !

Variante : construire une scène de rencontre entre deux participants aux imitations différentes !

3 à 10 ans

92

Les bulles solidaires

Activité : créativité et expressions solidaires

Les bulles de savon sont toujours l'occasion de créativité : faire soi-même le produit, s'amuser à souffler des bulles longues ou courtes, en rythme, etc. Y associer une pensée commune : imaginer, par exemple, que chaque bulle contient une énergie bénéfique que l'on va offrir va inciter les enfants à s'unir dans un acte d'altruisme bienveillant, l'union faisant la force de la démarche créative !

idée +

Les enfants en cercle, chacun commence par un petit massage des mains de son voisin afin de partager du bien-être ensemble.

Matériel

⅓ de tasse de savon à vaisselle, ⅔ de tasse d'eau, une mini bouteille d'eau coupée en deux, un petit fil métallique.

But : souffler des bulles remplies d'énergie et les envoyer vers ceux qui en ont besoin.

1. Mélange doucement le savon et l'eau, verse l'ensemble dans la moitié de bouteille fermée par le bouchon. Tords ton fil de métal de façon à faire un petit cercle à l'une des extrémités et tends le reste pour faire un manche.

2. Avec le groupe, choisissez celui qui va créer les premières bulles et décidez ensemble de vos actions pour le profit de tous. Par exemple : « Cette bulle d'énergie va apporter notre aide à tous ceux qui préservent les animaux », ou « Cette bulle d'énergie va apporter notre aide à notre ami malade pour qu'il aille mieux », ou encore « Cette bulle d'énergie va apporter notre aide pour que chacun puisse partir en vacances », etc.

3. Chacun se concentre sur la pensée choisie, le meneur crée une bulle et quand elle s'envole, tous les enfants pointent leurs mains vers elle en souhaitant qu'elle se remplisse d'énergie positive et aille apporter son aide ! Recommencez en changeant de meneur à chaque nouvelle bulle.

Variante : tripler la dose du produit et la taille du bâton à bulles pour faire des bulles géantes !

3 à 10 ans

93

Les déguisements des grands

Activité : déguisements et jeux de rôles

Jouer aux grands en les singeant est toujours une activité pleine de bonne humeur, de créativité et de rigolade. C'est une occasion aussi d'inventer de nouveaux personnages ! Bien sûr, pour cela il vous faut accepter de prêter quelques affaires, donc participez aussi !

idée +

Prenez des photos, déjà parce que c'est l'événement d'un jour, mais aussi parce que vous pouvez prolonger cet épisode ludique en faisant des cartes de visite humoristiques !

Matériel

Des vêtements variés d'adulte (du quotidien, pour jardiner ou bricoler, pyjama...), des accessoires (sacs, écharpes, chaussures, chapeaux, casquettes...), un grand carton fourre-tout ou une valise.

But : imiter les grands en leur « piquant » leurs vêtements et créer des personnages !

1. C'est l'heure du jeu, chacun choisit ses vêtements : dans un premier temps, choisis une tenue « classique » et joue avec ton personnage une scène du quotidien. Chacun le fait tour à tour tandis que les autres participants doivent reconnaître la scène et la personne imitée.

2. Après cette première phase, chaque enfant va se construire un look inédit et jouer son personnage dans une scène imaginaire. Les autres enfants doivent encore deviner le type de personnage et la scène jouée, mais c'est plus difficile !

Variante : créer tout un défilé de mode, le filmer et le diffuser sur un blog (sous contrôle parental).

3 à 10 ans

94

Les glaçons font de la peinture

Activité : peinture

Peindre avec des glaçons donne une œuvre originale et met en contact l'enfant avec une matière à base d'eau qui perd rapidement de sa consistance ! Il faut à la fois être créatif et bien conscient que le support change vite. À faire dans un endroit pratique : cuisine, balcon, jardin…

idée +

Gardez le dessin afin de le compléter une fois sec avec des collages.

Matériel

Un moule à glaçons, de l'eau, des colorants alimentaires ou de la peinture en poudre, du papier à dessin, un seau, une coupelle.

But : devenir un vrai artiste en peignant avec des glaçons de couleur !

1. Première option : la veille, fabrique des glaçons colorés en ajoutant à l'eau (dans chaque petit bac de ton moule à glaçons) quelques gouttes de colorants alimentaires de couleurs différentes. Place ensuite ton moule dans l'espace congélateur de ton réfrigérateur. Le lendemain, prépare une grande feuille à dessin sur un plateau. Sors deux glaçons. Poses-en un dans une coupelle et commence à peindre avec l'autre. Attention, ça fond très vite ! Et il ne faut pas qu'il y ait trop d'eau sur la feuille ! Utilise le glaçon peu de temps et jette-le dans le seau. Continue ainsi toute ton expression colorée avec les autres glaçons !

2. Seconde option : fabrique des glaçons neutres, sans colorant. Répartis sur une grande feuille à dessin une poudre de peinture colorée et étale-la avec un glaçon. Tu peux aussi poser plusieurs poudres et faire des mélanges grâce à l'eau du glaçon !

Variante : travailler avec une éponge en tamponnant pour obtenir de très beaux effets de matières !

3 à 10 ans

95

Le yoga sur une chaise en chantant

Activité : yoga et chant

Le yoga fait travailler le corps en douceur. Ici l'enfant va créer avec son corps des postures de bien-être en utilisant une simple chaise. Il lui sera demandé aussi de chanter pour accompagner ses mouvements, ce qui l'obligera à être attentif !

Matériel

Une chaise sans accoudoir, un minimum d'espace autour !

But : chanter comme un pinson sur sa branche en faisant sa gym de la journée.

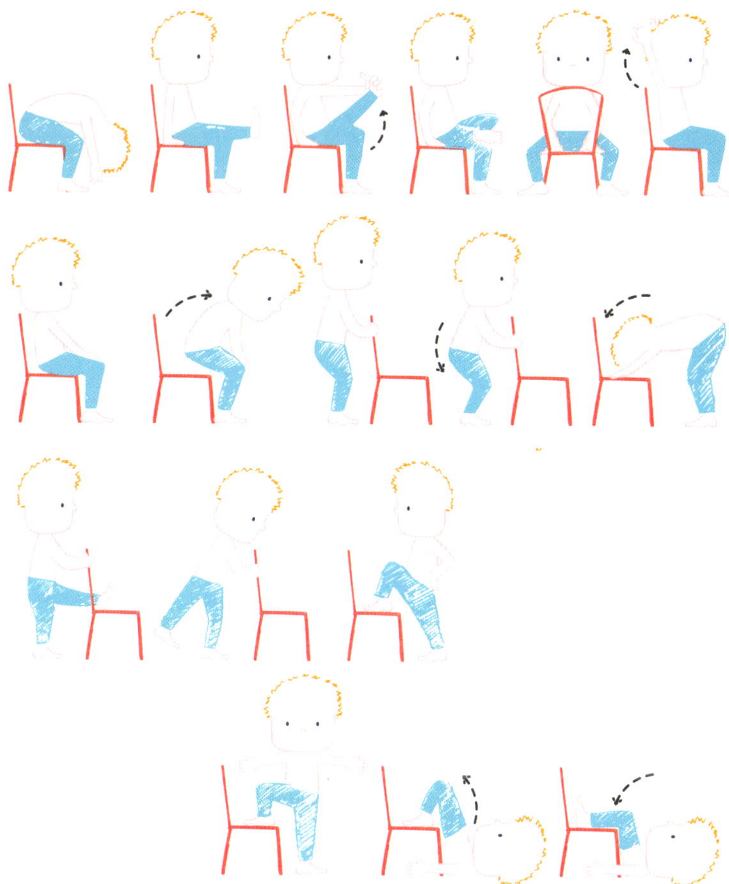

Suis progressivement cet enchaînement, respire calmement et essaie de créer une mélodie qui accompagne tes mouvements.

idée +

Faites l'exercice avec lui pour l'aider à intégrer les mouvements et incitez-le ensuite à le faire seul pour rectifier sa posture quand il est assis depuis longtemps.

Variante : prolonger la fin de la séance (le repos) en passant une musique de relaxation.

3 à 10 ans

96

Les dessins cachés et le scénariste

Activité : imagination et créativité

Partir d'un détail peut amener à créer de grandes aventures. Le principe est simple, on ne fait voir à l'enfant qu'une petite partie d'une photo et il doit inventer tout le reste possible, chacun y va de son imaginaire…

idée +

Mettez de côté les magazines dont les photos vous semblent riches en différents événements.

Matériel

Des magazines, des ciseaux.

But : regarder une photo, imaginer ce qu'on ne voit pas et inventer la suite possible !

1. Découpe un petit rectangle au centre d'une feuille blanche, afin de faire comme une fenêtre.

2. Ton copain ou ton parent choisit une photo dans un magazine et place la feuille dessus. À partir de la fenêtre ouverte sur la photo, tu n'as qu'une toute petite partie de l'image. Détaille-la, puis imagine ce qui est caché sous le reste de la feuille !

3. Va plus loin dans ton imagination et décris une suite possible à la scène de la photo, comme une aventure à construire à partir de seulement quelques détails : tu deviens scénariste !

Variante : choisir de partir de photos de famille, de vacances…

3 à 10 ans

97

Les jeux dans la voiture

Activité : jeux créatifs

Qui a dit qu'un voyage en voiture était ennuyeux ? Au contraire ! Profitez-en pour développer la créativité des enfants : voici quelques pistes de jeux que vous adapterez en fonction de l'humeur du moment !

idée +

Chacun doit devenir le meneur d'un jeu afin de motiver tout le monde !

Matériel

De la bonne volonté !

But : utiliser le temps du voyage pour partager jeux et fous rires !

• **Idées bien-être :** massage des mains, chacun masse les paumes de l'autre ; massage du crâne, faites « comme un shampoing » sur la tête de l'autre, puis modelage du visage : remontez une joue, l'enfant garde la joue levée, demandez-lui de tirer la langue, il tire la langue, etc. Et terminez par un massage mutuel du visage !

• **Idées devinettes :** un enfant ferme les yeux et touche le visage de l'autre avec ses mains pour deviner ce qu'il exprime ; « devine qui je suis » : un enfant ferme les yeux, l'autre questionne « je suis rouge avec un trait blanc, qui suis-je ? – Le panneau de sens interdit ! », « Je suis grand, marron à la base, feuillu en haut, qui suis-je ? – L'arbre ! », etc.

• **Idées inventions d'histoires fantastiques :** « C'est l'histoire d'une tartine qui cherche du beurre… », « C'est l'histoire d'une bicyclette qui voulait apprendre à nager… », etc. Ajoutez des éléments obligatoires comme : des objets, des paysages, des époques, des endroits géographiques, des personnages…

• **Idées comptines :** inventez une comptine sur le son O, comme « de l'eau dans un seau c'est rigolo » et mettez en musique !

Variante : prévoir des périodes d'écoute obligatoire, et en silence, de musique douce (à annoncer avant de faire les jeux !).

3 à 10 ans

98

Des animaux en pain

Activité : cuisine créative

Presque tous les enfants aiment le pain, alors pourquoi ne pas leur apprendre à le fabriquer ? L'avantage est qu'ils pourront créer des formes variées toujours aussi savoureuses et découvrir d'autres farines comme l'épeautre, le quinoa ou le millet. Il est intéressant aussi de savoir que l'on peut maintenant trouver des farines sans gluten ! Surveillez la cuisson et prudence avec les plus jeunes lorsque le four est chaud !

idée +

Décorez avec des graines de pavot ou de sésame !

Matériel

350 g de farine de blé (T 55), 1 cuillère à café de sucre et une de sel, 1 œuf, 1 cuillère à café d'huile, 1 sachet de levure de boulanger, 1 verre d'eau tiède.

But : créer des pains extraordinaires de toutes formes.

1. Mélange la farine avec le sucre, le sel, la levure, une cuillère à café d'huile et le verre d'eau tiède. Pétris la pâte pendant 10 minutes, retourne-la bien dans tous les sens !

2. Façonne tes personnages : un soleil, une souris, un serpent, un dinosaure… Ce que tu veux ! Pose un linge dessus et laisse reposer 2 heures, tes personnages vont gonfler. Au bout de 1 h 30, demande à ton parent de préchauffer le four à 200°. Pose un peu de farine sur ta plaque de cuisson. Passe du jaune d'œuf sur tes personnages avec un pinceau.

3. Fais cuire 20 à 25 minutes. Ton parent sort la plaque de cuisson et dépose les petits pains dans une corbeille. Tu peux maintenant rajouter des yeux avec des raisins secs, des écailles avec des graines de sésame…

Variante : remplacer 50 g de farine de blé par l'équivalent en farine de quinoa, millet ou épeautre.

5 à 10 ans

99

Le créateur de shampoing naturel

Activité : création cosmétique

Créer son propre shampoing démontre aux enfants qu'ils peuvent par eux-mêmes réaliser des produits utiles et non polluants. Ainsi ils exercent leur créativité à partir de la connaissance de produits naturels et comprennent qu'ils ont un rôle à jouer en faveur de l'écologie.

idée +

Avec vos enfants prenez aussi le temps de réaliser des produits d'entretien ménager écologiques.

Matériel

¼ de tasse de fleurs de camomille, de l'huile de jojoba, 375 ml d'eau, du vrai savon de Marseille en paillettes.

But : apprendre à réaliser son propre shampoing naturel.

1. Fais bouillir l'eau, plonge la camomille dedans et laisse infuser 20 minutes hors du feu. Ajoute le savon de Marseille, remue bien, puis verse 1 cuillère à soupe d'huile de jojoba. Garde dans un flacon hermétique, c'est ta base de shampoing utilisable telle quelle.

2. Va dans la nature et récupère au moins 10 g de feuilles d'orties (½ bol), 10 g de feuilles de menthe (½ bol), 10 g de romarin (la moitié d'un verre à moutarde). Mets le tout dans un pot gradué, rajoute 60 ml d'eau bouillante dessus. Laisse infuser pendant 2 heures. Verse la préparation dans une passoire et ne conserve que le jus.

3. Ajoute à quantité égale la base de shampoing et tu obtiens un remarquable shampoing pour fortifier tes cheveux et en souligner l'éclat !

Variante : en rajoutant deux gouttes d'huile essentielle de menthe poivrée et en mélangeant, vous aurez un traitement antipelliculaire !

5 à 10 ans

100

La maîtrise des éponges

Activité : créer une bouteille colorée qui déstresse

Créer une jolie bouteille colorée tout en apprenant à contrôler son impulsivité est, en soi, un excellent moyen de lier créativité et maîtrise des humeurs ! Effectivement, quoi de mieux que de serrer une éponge pour se défouler ? Dans cette activité, l'éponge servira aussi à transvaser une quantité d'eau précise dans une bouteille qu'il faudra décorer ensuite !

idée +

Démontrez l'activité à l'enfant en insistant sur le fait que plus la respiration sera calme, donc lente et bien régulière en inspir comme en expir, plus il accomplira précisément son activité et gagnera du temps !

Matériel

Par participant, il faut : une bouteille vide transparente, un entonnoir, une casserole d'eau, une éponge, un sirop alimentaire de couleur (menthe, cassis, citron...), une peinture à l'eau jaune, un pinceau.

But : remplir la bouteille jusqu'au trait en un minimum de temps.

1. Verse la même quantité de sirop au fond de chaque bouteille transparente. Trace un trait de même hauteur sur chaque bouteille (en général au ¼ de la bouteille). Place un entonnoir en haut de chaque bouteille.

2. Chaque casserole est remplie d'eau à ras bord. Chaque éponge est à côté de chaque casserole avec peinture et pinceau.

3. Au top départ, les joueurs trempent l'éponge et remplissent leur bouteille en serrant l'éponge au-dessus de l'entonnoir. Les enfants peuvent refaire le plein d'eau si nécessaire ! Arrivé au trait, il faut peindre un grand soleil sur la bouteille. Le premier qui a terminé a gagné !

Variante : remplir en un temps donné (type chronométré) ou avec son autre main !

Gilles Diederichs est musicothérapeute, sophro-relaxologue et auteur-compositeur. Il travaille au quotidien avec des enfants, forme des enseignants et le personnel des PMI, leur apprenant les techniques de relaxation, de yoga, de méditation, de concentration et de développement de la motricité. Il est l'auteur de nombreux ouvrages, notamment de *Mandalas en musique*, de *100 activités apaisantes pour les enfants de 3 à 10 ans* et de la collection *Le bien-être de mon enfant*, aux éditions Mango.

Découvrez son univers sur son site ***www.lescouleursmusicales.com***.

Retrouvez les livres de Gilles Diederichs
autour des activités parents-enfants chez Mango

Direction éditoriale : Guillaume Pô

Responsable éditoriale : Tatiana Delesalle

Direction de création : Laurent Quellet

Création graphique et direction artistique : Isabelle Mayer

Illustrations : Atelier Août à Paris

Lecture-correction : Delphine Kopff-Hausser

Mise en pages : Éditédito

Fabrication : Thierry Dubus et Gwendoline da Rocha

L'Éditeur remercie Iris Dion pour son aide précieuse et efficace.

15/27, rue Moussorgski
75895 Paris Cedex 18
Dépôt légal : août 2014
ISBN : 978-2-317-00405-6
MDS : 76385
Imprimé en Slovénie par GPS
N° d'édition : M14134